ANHALT
Braunschweig
Helmstedt
Marienborn
Hötensleben
Rhoden
Goslar
Eckertalsp.
Halberstadt
Wernigerode
Brocken
1142
Wurmschanze
971
Hohegeiß
Benneckenstein
Göttingen
Bad Sachsa
Tettenborn
Grenzlandmuseum
Nordhausen
Heinz-Josef Große
Bad Soden
Allendorf
Großtöpfer
HESSEN
THÜRINGEN
Herleshausen
Wartha
Eisenach
Erfurt
Gotha
Philippsthal
Vacha
Point
Alpha
Geisa
0

Ralph Giordano

»Hier war ja Schluß...«

Was von der deutsch-deutschen Grenze geblieben ist

Mit Bildern von Josef Kaufmann

Rasch und Röhring Verlag

Sämtliche Abbildungen des Buches wurden fotografiert mit

LEICA

Die Deutsche Bibliothek – CIP-Einheitsaufnahme

Giordano, Ralph:
»Hier war ja Schluß . . .« : Was von der deutsch-deutschen
Grenze geblieben ist / Ralph Giordano; Josef Kaufmann. –
Hamburg : Rasch und Röhring Verlag, 1996
ISBN 3-89136-591-8
NE: Kaufmann, Josef

Großer Burstah 42, 20457 Hamburg, Fax 040/37 13 89
Umschlaggestaltung: Peter Albers
Druck- und Bindearbeiten: Paderborner Druck Centrum, Paderborn
Satz und Litho: Alphabeta Druckformdienst GmbH, Hamburg
Printed in Germany

Inhalt

Prolog

Der Ursprung dieses Buches, dieser Inspektion entlang der ehemals deutsch-deutschen Grenze, geht auf eine Fernsehdokumentation für den Westdeutschen Rundfunk zurück. Und dennoch handelt es sich, trotz des gleichen Themas, um ein selbständiges Werk. Das hängt zusammen mit dem Unterschied zwischen Druck- und elektronischen Medien. Fernsehen ist Teamarbeit, ein Buch zu schreiben die einsamste Sache auf der ganzen Welt. Das ist ihre Last und gleichzeitig ihr Vorsprung. Denn so persönlich eine Fernsehsendung auch sein kann – und alle meine Sendungen waren es –, ein Buch hat dafür größere Möglichkeiten. Kann das geschriebene Wort doch bis in die äußersten Verästelungen sowohl einer Handlung wie auch der Seele vordringen, ganz abgesehen davon, daß dem Autor dabei mehr Platz zur Verfügung steht, als ihm selbst bei favorisierter Behandlung auf dem Bildschirm gewährt werden könnte. Vieles, sehr vieles bleibt dort also ungesagt, ungesendet, unbeantwortet. Deshalb habe ich sofort zugegriffen, als mir das Angebot gemacht wurde, den Text dieses Buches zu schreiben, dessen Idee von meinem Freund und Kameramann Jossi Kaufmann stammt und dessen Voraussetzung die Fotos sind, die er während der Filmarbeit, provozierend, wie sie war, gemacht hat.

Mich hat diese Grenze, »die Mauer«, immer interessiert, berührt, bewegt. Ich war seit je unfähig, ihr indifferent gegenüberzustehen, unfähig auch, ihre Geschichte mit dem 13. August 1961 beginnen, also die Vordaten des 8. Mai 1945 und des 30. Januar 1933 unerwähnt zu lassen.

In mir war immer das gleiche Empfinden, wenn ich vor der Mauer stand oder sie passierte – eine Mischung aus eisigem Entsetzen und unverbrauchbarem Staunen über ihre monströse Ungeheuerlichkeit.

Entsprechend war meine Reaktion auf den Fall der Mauer, und ich gebe sie so wieder, wie sie war, selbst auf die Gefahr hin, sentimental genannt zu werden. An jenem Abend des 9. November 1989 habe ich vor dem Bildschirm geheult wie ein Schloßhund. Als plötzlich der Damm brach und die Ostberliner nach Westberlin strömten, wie in Trance, mit irren Augen und aufgelöstem Innern, hämmerte es in mir: Du träumst, das kann doch nicht wahr sein! Bei allem, was folgte und was davon in diesem Buch steht, eingeschlossen schon damals die Ahnung, daß es so jubelnd, so euphorisch nicht bleiben würde – es war Weltgeschichte pur, geronnen in entgleiste Gesichter und vor Unglaube geraufte Haare, in Stammeln, Tränen, Lachen, Freude, Überwältigung.

Es war die Stunde, die niemand zu eigenen Lebzeiten vorausgesehen hatte, der Knalleffekt einer globalen Zäsur, das historisch Unerwartete schlechthin. Jedenfalls sind wir auf unserer Drehreise niemandem begegnet, der etwas anderes prophezeit haben wollte.

Doch war das nur eine von vielen Erfahrungen, die wir entlang der ehemaligen Grenze machen sollten.

»Man könnte, wenn man wollte«

Wir sind der Linie in ihrer vollen einstigen Länge gefolgt, vom Ostseestrand im Norden bis hin zum sogenannten Dreiländereck an der alten Grenze zwischen der Bundesrepublik (Bayern), der DDR (Sachsen) und Tschechien (vormals ČSSR) im Süden. Mit von der langwierigen und strapaziösen Partie: der Toningenieur Peter Cieslok und der Fahrerkollege Ingo Gefromm. Unser Motiv: Was ist Mitte der neunziger Jahre übriggeblieben von der 1393 Kilometer langen »Mauer«? Von ihren Türmen, ihren Drähten, ihren Zäunen und Minenfeldern? Welche Spuren hat das gewaltige Sperrwerk hinterlassen – in der Landschaft, aber auch in den Herzen und den Köpfen *der* Menschen, die oft über Jahrzehnte seine unmittelbaren Nachbarn waren?
Das waren Fragen, denen wir immer hart an der ehemaligen Grenze nachgehen wollten, um hinzuhorchen auf die sprechenden und die stummen Zeugen einer Epoche, die erst so kurz zurückliegt und doch für viele schon Geschichte zu sein scheint.
Dabei sind wir davon ausgegangen, daß sich die deutsch-deutsche Problematik nach Aufhebung der Mauer natürlich keineswegs auf unsere Gesprächspartner, also den verhältnismäßig kleinen Kreis der Grenzanwohner westlich und östlich von ihr, beschränkte, sondern die dabei gewonnenen Erkenntnisse durchaus auf die Gesamtheit abstrahiert werden können, sowohl was die Zustimmung zur deutschen Einheit als auch die Schwierigkeiten betrifft, die seither aus ihr entstanden sind. Wobei vorausgeschickt sei, daß uns auf der über 4000-Kilometer-Tour niemand begegnet ist, der sich die Trennung in zwei deutsche Teilstaaten zurückgewünscht hätte, selbst unter den kritischsten Stimmen nicht.
Neu war die Idee einer solchen Dokumentation nicht, hatte ich doch bereits vor fast zwanzig Jahren für den Sender Freies Berlin einen Film

mit dem gleichen Thema, wenn auch unter völlig anderen Umständen gedreht: »GRENZE '78 – Ein deutsches Tagebuch«, also zu einer Zeit, als das Sperrwerk noch in voller Aktion war. Damals ging es jedoch nicht um seine ganze Länge, sondern um ein etwa 150 Kilometer langes Teilstück zwischen Harz und Rhön. Doch davon später, wenn jener Abschnitt unserer jetzigen Reise geographisch erreicht wird.
Diesmal war sie weg, die Mauer, aufgehoben, jedenfalls im Sinne ihrer einstigen Funktion als hochsensible, gefährliche Trennlinie zwischen den rivalisierenden Super- und Atomweltmächten USA und UdSSR, ein Riß, zu dessen beiden Seiten sich das raketengespickteste Territorium des Globus gedehnt hatte, *die* Signifikatur des Kalten Krieges und seiner unwägbaren Risiken und Abgründe.
Es ist wahr, wir mußten es suchen, so verschwunden war dieses von seinen Bauherren abenteuerlicherweise in einen »antifaschistischen Schutzwall« umgelogene Monster samt seiner in der Menschheitsgeschichte einmaligen Aufgabe, mit neunzehn Sperrelementen zwischen dem sogenannten Haupt- und dem Schutzzaun dafür zu sorgen, daß die von drinnen nicht nach draußen kamen. Während der Zweck jeden Mauerbaus im Gegensatz dazu doch stets darin bestanden hat, die von draußen nicht nach drinnen gelangen zu lassen. Nun war dieser Staat, wie das ganze Imperium des real existierenden Sozialismus, an seinem eigenen Widerspruch, seiner Lüge und seiner wirtschaftlichen Ineffizienz implodiert, war diese martialisch militarisierte DDR zusammengebrochen, unblutig zum Glück, hatte sie ihr vierzigjähriges Zwangs- und Kümmerdasein kraftlos ausgehaucht – eingeschlossen das der gemeingefährlichen Mauer.

Unsere Tour beginnt im Norden, dort wo die häuserhohen Fährpötte von Travemünde aus ihre nasse Bahn seewärts nach Dänemark, Norwegen, Schweden und Finnland ziehen, während hier auf Land vierzig Jahre lang Endstation war. Am Priwall, heute die Grenze zwischen den Bundesländern Schleswig-Holstein und Mecklenburg-Vorpommern, hatte die Mauer ihre nördlichsten Zeichen gesetzt.
Übriggeblieben ist davon nicht mehr als ein verrosteter Metallmast zwischen Düne und Ostsee, deren herrliches Küstenpanorama den DDR-

Blick von Travemünde auf den Priwall, nördlichster Punkt der alten Grenze. Wo heute die Bundesländer Schleswig-Holstein und Mecklenburg-Vorpommern problemlos ineinander übergehen, zog sich bis November 1989 eine unüberwindliche Mauer hin. In des Wortes buchstäblicher und übertragener Bedeutung: »Hier war ja Schluß!«

Anwohnern bis 1989 verschlossen blieb – doppelt, dreifach gesichertes Sperrgebiet der sogenannten Fünf-Kilometer-Zone.
Ein wenig landein dann die Straße, auf denen in beiden Richtungen Autos strömen, als wäre es hier nie anders gewesen, wobei die ziemlich verwahrloste Fahrbahn von Westen her in die blitzsaubere Chaussee des neuen Bundeslandes mündet (bei deren Ausbau sogar an einen Krötenzaun gedacht worden war). Das – und anderes – wird allerdings in einer küstennahen Kneipe auf schleswig-holsteinischem Territorium nicht nur mit Beifall bedacht.
Gefragt, wie sie zum Abbruch der Mauer stehen, gibt es zunächst Stimmen wie: »Die müßte wieder errichtet werden, aber diesmal fünf Meter hoch!« und »Aber dann alle Leitern auf drei Meter kürzen« – bevor die Kamera läuft. Danach, als wir die Genehmigung zum Drehen hatten, geht es moderater zu, ohne daß Skepsis und Bedenken weichen.
Einer an der Theke: »Viele tausend Mark für einen Krötenbrunnen, einen Krötenzaun und Krötengraben, sogar für Untertunnelungen! Muß das sein, ist der Mensch weniger wert als die Kröte?« Ein anderer: »Na, na – Ökologie ist schon was Wichtiges.« Ein dritter: »Die vielen Autodiebstähle in der ersten Zeit nach der Maueröffnung!« – längst vorbei, aber offenbar unvergessen.
Doch auch diesmal wieder Gegenstimmen: »Vorsicht, Mann, geklaut wird auf beiden Seiten, auch heute noch, das kann man den Leuten von drüben nicht allein in die Schuhe schieben, um Gottes willen. Nur, das stimmt, am Anfang häufte es sich.«
Im Laufe des Gespräches wird eine deutliche Aversion gegenüber den Bewohnern innerhalb der Sperrzone gleich hinter der alten Grenze erkennbar. Die dadurch bedingte politische Inzucht, das doppelte Eingesperrtsein, sie hätten, heißt es, einen besonderen Typus gezeugt: »Inaktiv, leistungsabstinent, mißtrauisch, richtig deformiert.«
Mit denen, die so apostrophiert worden sind, kommen wir in einer Gaststätte der kleinen Ortschaft Pötenitz zusammen, zwei Kilometer hinter der alten Grenze – einem Angehörigen der einstigen Volkspolizei, jetzt wieder Polizist, der ehemaligen Bürgermeisterin, ehemals SED, und zwei anderen Einwohnern, die aufmerksam zuhören, aber während des Interviews da hocken wie auf den Mund geschlagene Statisten.

»Und die vielen Autodiebstähle am Anfang, nach der Wende? Und die Tausende von Mark für den Krötenzaun da drüben an der neuen Straße?« – »Vorsicht, Mann, geklaut wird auf beiden Seiten. Und Ökologie ist schon was Wichtiges.« Altbundesbürger in einer Kneipe am Ostseestrand – guter Wille und Skepsis, nahe beieinander. Aber die Mauer will keiner zurückhaben

Auffallend: der gedämpfte Ton, die innere Defensive, bei deutlicher Zustimmung zur Einheit und den neuen Freiheiten – »Eine feine Sache!« –, aber Kritik an manchen ihrer Folgen. Neben den üblichen Einwendungen – damals gab es Arbeit für alle, genügend Plätze in den Kindergärten, Sicherheit der Lebensperspektive – eine tiefe Gestörtheit durch Veränderungen wie: eigene Steuererklärungen, selbständiges Ausschreiben von Formularen für das Krankenkassen- und das Versicherungswesen, der Traditionsbruch mit vertrauten Kollektivgewohnheiten innerhalb der Dorfgemeinschaft durch die isolierenden und individualisierenden Mechanismen der neuen Konsumgesellschaft. Kurz, die ganze unheimliche Ablösung der zwar den Mangel verteilenden, aber auf niedrigerem Niveau existenzsichernden Planwirtschaft durch eine Konkurrenzwirtschaft, deren Freiheiten viele bisher unbekannte Risiken mit sich bringen. Dazu kommen, so der Polizist, beschämende Erfahrungen

(deren Zeuge ich selbst mehr als einmal aus nächster Nähe geworden bin): »Manche Altbundesbürger haben sich hier tatsächlich benommen wie der Elefant im Porzellanladen. Die haben sich wirklich betragen, als wenn sie in einem Kampf die Sieger sind und wir die Verlierer.«
Die ehemalige Bürgermeisterin und SED-Genossin ist zurückhaltend, suchend, deutlich verhalten bei Kritik, zum Beispiel, daß bestimmte Betriebe und Krankenhäuser in Travemünde und Umgebung dichtmachen könnten, wenn die vielgeschmähten »Ossis« wegblieben. Bei der Frage nach der Stasi behält sie ihre Haltung bei: Die »Offiziellen« seien bekannt gewesen, die »Inoffiziellen« nicht – »sonst wären sie ja nicht inoffiziell gewesen«, sagt sie, nicht ohne Logik. Eine Geheimpolizei habe jeder Staat, insofern sei das nichts Besonderes, allerdings habe es Praktiken gegeben, die absolut abzulehnen seien. Dann schweigt sie. Mehr kriege ich nicht aus ihr heraus, will es auch nicht.
Die Reisebeschränkung hat ihnen schwer zugesetzt, wie sie gestehen. Jedoch, nun der Polizist: »Heute ist das aufgehoben – aber deshalb kann noch lange nicht jeder von uns fahren, wohin er will, wegen der Moneten.«
»Richtig«, sagte die ehemalige Bürgermeisterin, »trotzdem ist es ein beruhigendes Gefühl, wenn man weiß: Ich könnte, wenn ich wollte . . .«
Auf meine Frage, ob sie die Einheit erwartet hätten, schütteln alle den Kopf, stumm und wie immer noch erstaunt darüber, dabei nun auch die beiden großen Schweiger in der Runde, die sogar am nachdrücklichsten.
Ich wiederhole: Auf der ganzen Reise von Nord nach Süd entlang der ehemaligen innerdeutschen Grenze – heute Schleswig-Holstein/Mecklenburg-Vorpommern, Niedersachsen/Sachsen-Anhalt, Hessen/Thüringen und Bayern/Sachsen – wird es unter den Hunderten und aber Hunderten, denen ich diese Frage einmal auf dieser, einmal auf jener Seite stellte, keine einzige Gegenstimme geben.
Es wird eines von vielen unvorhersehbaren Erlebnissen.

»Hier war ja Schluß«

Am ehemaligen Beobachtungsturm Dassow lernen wir Karsten Sroka aus Hötensleben kennen, Jahrgang 1950 und ein wandelndes Grenzlexikon. In kürzester Zeit hat uns der kleine Mann mit dem dunklen Wuschelkopf und dem unverkennbar sächsisch-anhaltischen Akzent bekannt gemacht mit einer Dokumentation über das, was von der deutsch-deutschen Grenze übriggeblieben ist. Sie ist zwar erst halb fertig, wie er erklärt, hat

Im Beobachtungsstand des alten Wachtturms am Dassower See – Rost, Schimmel und, immer wieder, die große Frage: Wofür war der ganze Aufwand?

aber doch schon den Umfang dickleibiger Folianten mit zahlreichen Bildern.
Im Schatten des verschlossenen Turms beugen wir uns über Karten, Fotos, Schriften, die Karsten Sroka ausweisen als einen Zeitgenossen, der Tausende von Kilometern wie ein Feldmesser mit geradezu wissenschaftlicher Genauigkeit hinter sich gebracht und dabei jeden Kolonnenweg, Mauerrest und verbliebenen Turm aufgezeichnet hat. Unfähig, auch nur eine Sekunde still zu stehen oder den Redefluß zu stoppen, hagelt es biographische Informationen und Einzelheiten seiner Grenzkenntnisse kunterbunt durcheinander: Obstzüchter sei er zu DDR-Zeiten gewesen, zusammengeschlossen im »Obstbau Wernigerode«, der nach der Vereinigung nicht mit der EG-Norm konkurrieren konnte und bald einging, und seinen Grundwehrdienst habe er bei den Grenztruppen abgedient (»Ich kenne alles, die Dörfer, die zwecks besserer Sicht und Schußgelegenheit eingeebnet worden sind; die Stellen, wo es die ersten Grenztoten gab und wo der Metallstreckzaun erhalten geblieben ist«). Nach der Wende habe er gleich wieder Arbeit gefunden, bei einer Wolfsburger Garten-, Tiefbau- und Sportanlagenfirma – »kontaktfreudig, wie ich bin« –, und beiderseits der ehemaligen Demarkationslinie sei er bei vielen Veranstaltungen »der Weihnachtsmann und Nikolaus vom Dienst« gewesen, Mitglied von Karnevalsgesellschaften und Teilnehmer an Jodlerwettstreiten.
»In meinem Geburtsort Hötensleben behauptet die Gemeindeverwaltung, das dortige Mauerstück sei das einzig erhalten gebliebene, aber das stimmt nicht – ich habe noch etliche andere Reste auf meinen Reisen gefunden!« beharrt das Mitglied von Naturfreundeverbänden im braunschweigischen und helmstädtischen Raum, das sich selbst einen »glücklichen und zufriedenen Menschen« nennt.
»Nachdem ich jeden Meter des ehemaligen ›Schutzwalls‹ von der Ostsee bis zur Rhön untersucht hatte, habe ich jetzt die Strecke von den Mittelgebirgen bis zum Dreiländereck abgetörnt.«
Gerade hat Karsten Sroka seinen Jahresurlaub dazu benutzt, um von der Elbe an bis zum Priwall noch einmal nachzuprüfen, »ob ich denn auch alles erfaßt habe«. Das Ergebnis seiner Forschungen: Fotos und Aufzeichnungen von 14 Grenzmuseen, sechs Grenzabteilungen in Heimatmuseen, drei Grenzinformationsstellen, zwei Dokumentationszentren, drei Skulp-

turen, fünf Gedenkstätten, drei Geschichtslehrpfaden, acht Grenzzäunen, vier Mauerresten.
Seine Mutter stamme aus Leipzig, sein Vater sei Bergmann gewesen, erzählt er im nächsten Atemzug – Kohle und Eisenerz. Bei den Jungen Pionieren und der FDJ habe er sich nicht groß beteiligt, ebensowenig bei der Einheitsgewerkschaft, aber nicht alles sei schlecht gewesen.
Im Umgang mit den Menschen aus der alten Bundesrepublik habe er keine Schwierigkeiten. »Ich gehe immer auf die Leute zu, das ist der beste Weg, mit ihnen auszukommen.« Wahrlich!
Da steht er denn, Karsten Sroka, mit offenem Hemd über die Motorhaube des Pkw gebeugt, auf der seine Alben liegen und lose Fotos ausgebreitet sind; spricht, blättert, beides ohne Unterbrechung, ganz offensichtlich *der* Fachmann unserer Zeit in Sachen der einstigen deutsch-deutschen Grenze, ein in seiner vertrauensvollen Arglosigkeit imponierender Zeitgenosse, wie ich finde. –
Später stehe ich auf dem Dach des Travemünder »Maritim«-Hotels und schaue nach Osten: bis zum Horizont, weit, weit, die See und über den Priwall hinweg, kaum mehr zu erkennen, der obere Teil des einst nördlichsten Wachtturms – nun von Baumwipfeln eingesäumt, mitten im Wald, wo vor noch gar nicht so langer Zeit freies Beobachtungs- und Schußfeld war.
Dort ganz in der Nähe, an der alten Grenze bei Lübeck-Schlutup, hatte am frühen Morgen ein zufällig vorbeikommender Spaziergänger, ein Mann von etwa sechzig Jahren, auf meine Frage, ob er die Öffnung der Grenze erwartet hatte, erwidert: »Das hat kein Mensch geglaubt, niemand. Wir wußten nichts von den Leuten auf der andern Seite, ja, nicht einmal, daß das kleine Dorf da Lauen heißt. Wir haben zwar davon gehört, aber wir hatten nie eine Vorstellung davon, und wie es da aussieht – das war ein weißer Fleck für uns. Hier war ja Schluß!«

Hier im Norden treffen wir Karsten Sroka aus Hötensleben, Sachsen-Anhalt, ein lebendes Grenzlexikon. Der 36jährige fährt die ehemalige innerdeutsche Demarkationslinie seit Jahren ab, schreibt, fotografiert, kennt alle Mauerreste, Grenzmuseen, Dokumentationszentren und hat nach eigener Auskunft »jeden Meter zwischen Ostsee und Dreiländereck abgetörnt«

Auf der Grenzspur weiter nach Süden kommt es bei Schattin zu einer atembeklemmenden Begegnung. Aus einem ehemaligen Kasernenkomplex der Nationalen Volksarmee (NVA), heute ein Hotel, schallen Jubel, Gesang, Musik. Junge Stimmen sind es, fröhliche Laute, die uns bewegen, einen Abstecher zu machen.

Wir kommen hinzu, wie eine Kinderschar, Jungen und Mädchen, hinter aufsteigenden und niedergehenden Luftballons hertollen, sich dabei im Rhythmus wiegen, die bunten Gummigebilde greifen, wieder loslassen und dabei rufen, lachen, laut miteinander sprechen – auf russisch.
Wir erfahren: Es sind Kinder aus der Umgebung von Tschernobyl, alle strahlenverseucht, die einen mehr, die anderen weniger. »Einige werden durchkommen, nur einige«, sagt eine Frau, offenbar die Begleiterin, in gutturalem Deutsch. »Wir sind sehr dankbar, daß sich hier auch medizinisch um die Kinder gekümmert wird.«
Da jauchzen sie und tanzen im »Waldhotel« von Schattin, die Kinder von Tschernobyl, wo im April 1986 der Kernreaktor durchgebrannt war und die größte Menge radioaktiver Strahlungen freigegeben hatte, die bis zur Stunde dieser Niederschrift aus einem Atomkraftwerk entwichen ist.
Vor der Kulisse der selig spielenden Kinder will mir der schreckliche Name aus der Ukraine wie ein Synonym für den Untergang des »real existierenden Sozialismus« vorkommen, für seine Schlampigkeit, seine Unfähigkeit zu motivieren, seine Ineffizienz, für die ganze Menschenfeindlichkeit dieses ehemaligen Weltsystems und sein systemimmanentes Mißtrauen nach außen und innen.
Das hat, wie wir jetzt entdecken, auch hier in dem einstigen Kasernenkomplex der DDR-Grenztruppen bei Schattin gewaltet und seine Zeugenschaft hinterlassen, die charakteristische Hypothek des Überwachungsstaates. Ich will meinen Augen nicht trauen: In den weitverzweigten Kellern des Komplexes, mit Zellen für gestellte »Grenzverletzer«, wesen seine charakteristischen Merkmale rostig vor sich hin, elektrische Apparaturen, die sowohl nach »drüben«, in die Bundesrepublik hinein, horchen konnten als auch die eigenen Genossen abhören – die Wanzen waren in den Radios installiert worden . . .
Die 29 Kinder, die immer noch vergnügt nach den steigenden und fallenden Luftballons haschen, wissen davon nichts – sowenig wie von ihrer ungewissen Zukunft.

Nein, eine Fahrt wie sonst irgendwo durch Deutschland ist diese Reise nicht, und sollte man es vergessen haben, so wird einem bald schon gezeigt, wo man sich befindet.

Wo vor noch gar nicht langer Zeit freies Schußfeld war, wuchern längst Baum und Strauch – Schnappschuß östlich von Schlutup (v. l. n. r.: Ingo Gefromm, Jossi Kaufmann, Karsten Sroka, Ralph Giordano)

»Achtung Minen!« und »Achtung Lebensgefahr! Betreten und Befahren verboten!« wird bei Zarrentin an der schleswig-holsteinisch-mecklenburgischen Grenze gewarnt, Zündstoff einer Vergangenheit, von der die deutsche Gegenwart immer noch, wenn auch in einem anderen Sinn, bedroht ist. Denn unter einem dieser Warnschilder ist ein Anschlag angebracht, ein Großfoto mit einem Mann, der protestierend den rechten Arm hochwirft, da drüber, in Fettschrift: »Arbeitslos – nicht wehrlos. Es gibt Alternativen«. Von wem das kommt und wer es aufgestellt hat, ist nicht auszumachen.

Ich stehe davor und schaue ihn mir lange an, diesen graphisch so heiseren Aufschrei mitten in der Landschaft, und das mit sehr ambivalenten Gefühlen. Mitgefühl für die soziale Not und die Wut, die da mitschwingen, und Auflehnung gegen die unverhüllt einseitige östliche Anklage, als kämen alle Übel vom Westen allein. Ich akzeptiere diese Auffassung

nicht, weil sie den Verantwortungsanteil des DDR-Systems an der lang anhaltenden deutsch-deutschen Ökonomiemisere reduziert oder gar ignoriert. Da wird verdrängt, daß die Planideologie die Wirtschaft bereits hoffnungslos in Grund und Boden gewirtschaftet hatte und man sich nur mit Schaudern fragen kann, wann wohl der »real existierende Sozialismus« ohne die unverhoffte Einheit am lebendigen Leibe verfault wäre, von 1989 an gerechnet – in fünf, in zehn, in fünfzehn Jahren?
Ich sehe den Mann auf dem Plakat, seinen aufgerissenen Mund über dem offenen Hemdkragen – der Bezug mag falsch sein, die Nähe zu den verborgenen Minen überdramatisiert, aber sein Protest und seine Verzweiflung, die sind echt.

Minendrohung aus der Vergangenheit – sozialer Sprengstoff der Gegenwart: gespenstische Symbolik am Wegesrand bei Zarrentin

Der Fischer und der Oberstleutnant

Tour der Gegensätze.
Auf dem einstigen Kolonnenweg unmittelbar hinter dem längst verschwundenen Todesstreifen und Hauptzaun an das Ostufer des Schaalsees: Natur rein, wie in der Tiefe menschenleerer Kontinente, unberührtes Terrain, ein Elysium – wenngleich um den Preis einer vierzigjährigen Friedhofsruhe der hier nassen Grenze quer durch den See.
Auf dem Landvorsprung des Ortes Stintenburg lernen wir einen Mann von echtem Mecklenburger Schrot und Korn kennen, Hans Drostatis, Jahrgang 1941, Fischer.
Ich habe meine Überredungskünste spielen lassen müssen, aber dann ist er mit uns hinausgefahren aufs Wasser, um sich tapfer dem ersten Interview seines Lebens zu stellen, von dem er schon im voraus sagt, es werde ihn »mehr Anstrengung kosten als drei Fischzüge über den See«.
In dem schwimmen Aale, Hechte, Plötzen, Rotfedern und Maränen. Nun sitzt Hans Drostatis in einem windgeschützten Schilfwinkel vor mir, Schirmmütze auf dem kantigen Schädel, hemdsärmelig, und antwortet auf die Frage, ob er jemals daran gedacht hatte, über die offene Wassergrenze zu flüchten: »Das hat wohl jeder getan, der die Möglichkeit dazu gehabt hätte. Aber ich hatte die Eltern und die Großeltern hier, dann auch die eigene Familie – und die kann man ja nicht einfach im Stich lassen. In den ersten Jahren, vor meiner Zeit, ist das schon geschehen, da haben Leute von hier rübergemacht.«
Hans Drostatis war ursprünglich Maurer und wurde erst in den siebziger Jahren Fischer, als hier die Forellenmast losging.
»Um auf dem Schaalsee fischen zu können, mußte man ein halbes Jahr ›auf Bewährung‹ an Land bleiben, erst dann durfte man mit dem Boot aufs Wasser und konnte sich da bis zur markierten Grenze mitten im See

frei bewegen. Aber das ging nur mit den entsprechenden Passierscheinen und Arbeitsanmeldungen. Wenn wir in die Bernstorffer Gewässer wollten, mußten wir ungefähr einen Kilometer durch Westwasser fahren, also Bundesrepublik. Das mußte gesondert eingereicht werden, beim Regiment, der Kommandeur mußte es persönlich bestätigen. So war das damals.«

Und heute?

»Von der Fischerei allein kann man nicht mehr leben, wie die Bauern ja auch nicht mehr nur vom Acker leben können. Also veredeln, zum Beispiel durch Räuchern.«

»Wer kauft die Fische?«

»Meist Leute aus dem Westen.«

Idyll am Schaalsee, vom Westufer aus – Natur pur, ein Elysium. Was wird aus den feenhaften Biotopen, die hier wie anderswo entlang der einstigen Grenze um den Preis einer vierzigjährigen Friedhofsruhe entstanden sind?

»Und?«
»Na ja, im allgemeinen komme ich mit denen gut aus. Natürlich gibt es auch Querulanten, denen unsere Preise zu hoch sind. Aber wenn die um die Ecke gehen, steigen sie in einen Mercedes ein. Die sollten mal wissen, daß ich eine Siebentagewoche à mindestens zwölf Stunden habe. Dabei wird das Fischen immer schwerer.«
»Warum?«
»Weil die Fische auf natürlichem Wege nicht mehr hochkommen, die ganzen Zuflüsse sind ja abgeschottet, durch Aalfänge, Wasserwehren, Staubecken, Schleusen – das hat sich seit der Wende vervielfacht. Darum ist es schwerer geworden.«
»Gibt es Kontakte zwischen den Fischern hier und denen am Westufer des Sees?«
»Damals durften wir ja nicht mal guten Tag sagen, so war das Prinzip, von hier aus. Aber danach war die Neugierde besonders groß, die haben uns oft besucht und auch geholfen, mit Rat und Tat. Inzwischen hat sich alles eingependelt, Alltag, normal.«
Der Mann hat Arme wie zwei Büffelbeine, er vibriert vor Kraft, aber auch im Zorn bleibt seine Stimme unten, verliert er seine norddeutsche Ruhe nicht. Nur das längere Stillesitzen bereitet ihm sichtlich Unbehagen. Doch wir sind noch nicht fertig.
»Was gefällt Ihnen heute nicht?«
»In erster Linie, daß nicht für alle Arbeit da ist, das ist die größte Ungerechtigkeit. Das bringt Drogen und Alkohol. Ohnehin war die DDR vorher schon führend im Alkoholverbrauch – sechzehn Liter pro Kopf und Jahr. Wußten Sie das?« Nein, das wußte ich nicht.
Jossi Kaufmann legt eine neue Filmkassette ein, das Boot schaukelt leicht. Allmählich kommt Hans Drostatis von selbst ins Erzählen, ungeordnet und höchst authentisch.
»Es war immer ein hartes Leben, von früh auf an. Als ich zur Schule kam, da gab's noch Schuhe auf Bezugsscheine und Zuckermarken. Und nachher ging das mit dem Mangel ja weiter. Hunger brauchten wir hier auf dem Lande allerdings nicht zu leiden, jeder hatte Kühe und Schweine. Aber trotzdem – wir sind ganz schön bestraft worden.«
»Wie weit hat die Staatsdoktrin Sie denn beeinflußt?«

»Klar, ich war bei den Pionieren, in der Freien Deutschen Jugend, da wußten wir ja noch gar nichts. Aber als ich älter wurde, hab' ich mir ein eigenes Weltbild geformt. Mit der Erziehung im sozialistischen Sinn, das hat nicht so geklappt, wie die wollten. Nee, hat nicht so geklappt.«
Es wird kühl, Hans Drostatis läßt den Motor an, wir fahren zurück nach Stintenburg. Er sitzt am Heck, hält das Steuer in seiner tellergroßen Rechten und zurrt dann und wann bei dem starken Fahrtwind die Schirmmütze tiefer in die Stirn. Die Bäume und Sträucher am Ufer sind von herrlichem Grün, Weiden, die ins Wasser hängen, dunkler Tann, auf dem blanken Spiegel Enten, Rallen, Schwäne.
Drüben das westliche Ufer des Schaalsees, sonnenbeschienen. Vom Bug aus frage ich: »Da können wir jetzt rüberfahren, ohne Kontrolle, ohne

Hans Drostatis, Fischer aus Stintenburg, den das Interview nach eigenen Angaben mehr Anstrengung kostete »als drei Fischzüge über den See«

Risiko. Haben Sie eigentlich geglaubt, daß die deutsch-deutsche Grenze jemals verschwinden würde?«

»Auf alle Fälle in meinem Leben nicht mehr, wenn man das hier jeden Tag gesehen hat, wie das vor sich ging. Wir haben ja alles verfolgt, welch riesiger Aufwand in die Mauer gesteckt wurde. Nein, das haben ja nicht mal die Politiker gewußt oder auch nur geahnt. Das war ein Glücksfall mit Gorbatschow – ein halbes Jahr später, und es wäre aus der Einheit vielleicht gar nichts mehr geworden.«

Hajo Ulrich sieht man die Last der letzten Jahre an: Der 1944 in Stettin geborene einstige Offizier der Nationalen Volksarmee zeigt tiefe Kerben in der Stirn. Aber er ist bereit zu sprechen, bei gleichzeitig inneren Hemmungen, ein Mann, der hin- und hergerissen wird zwischen seiner Vergangenheit und einer neuen, noch nicht verinnerlichten Wirklichkeit.

Um so mehr weiß ich zu schätzen, daß Hajo Ulrich bereit ist, Fragen zu beantworten. Seine Einwilligung bestimmt den Charakter unserer Zusammenkunft, also mein Verhalten ihm gegenüber, welch anderer Meinung ich auch immer sein mag. Er hätte ja auch, wie so mancher schon, nein sagen können.

Wir treffen uns mit ihm bei Herrnburg, ganz in der Nähe des alten Grenzübergangs.

Hajo Ulrich kam 1966 zu den Grenztruppen, nachdem er die Offiziersschule der Nationalen Volksarmee in Plauen besucht hatte, und diente sich in den fast 25 Jahren bis 1989 an diesem nördlichsten Grenzabschnitt vom Zugführer über den Kompaniechef und den Bataillonskommandeur bis zum Oberstleutnant hoch. Zur Stunde unseres Interviews ist er damit beschäftigt, als Werkleiter einer bundeseigenen Firma zwischen Ostsee und Schwanheide wegzuräumen, was er beinahe ein Vierteljahrhundert bewacht hatte: die Mauer.

»Wie ging das vor sich?«

»Ganz planmäßig und systematisch. Wir haben weisungsgemäß erst alle Waffen von der Grenze zurückgezogen und in die Depots gebracht und dann mit einem sogenannten Nachkommando die Objekte übergeben.«

»Mit welchen Gefühlen haben Sie das gemacht? Hand aufs Herz.«

»Erst mal – keiner, auch der Bundeskanzler nicht, hätte mit der neuen

Situation rechnen können, also wir, ich auch nicht. Aus meinem eigenen Erleben war die erste Zeit eine ganz gefährliche. Man wußte nicht, was passierte. Aber dann hat sich die Situation nach und nach eingepegelt. Das heißt, man ist damit persönlich fertig geworden. Einige allerdings nicht, die höheren Offiziere, die Leute von der Staatssicherheit – die sind sehr schlecht damit fertig geworden. Was mich betrifft, muß ich sagen, daß ich nicht solche Torschlußpanik hatte, im Sinne von: jetzt alles hinschmeißen. Ich bin bis zuletzt in meinem Dienstgrad geblieben, habe dann am 1. Oktober 1990 die Uniform ausgezogen und, wie gesagt, im Auflösungsstab weiter gearbeitet, bis heute.«

Hajo Ulrich spricht ruhig, überlegt, und doch merkt man ihm die Spannung an. Er kommt mir vor wie einer, der den Kamm eines Berges erklommen hat, aber noch nicht weiß, wie er auf der abschüssigen Seite herunterkommen soll.

»Wir fahren jetzt die ehemalige Grenze ab, von oben bis unten. Sie war grausam – Stacheldraht, Türme, Kolonnenwege, ein eisiges, oft unverhüllt feindseliges Klima. Was für Gedanken haben Sie sich über den Charakter und die Funktion dieser Grenze gemacht?«

Hajo Ulrich denkt nach, und dabei kerben sich die Falten auf seiner Stirn noch tiefer ein. Ich habe den Eindruck, als suche er nach ehrlichen Antworten, als prüfe er sich genau, bevor er spricht.

»Ich bin in der DDR aufgewachsen, war ein ›Kind der DDR‹, seitdem ich bewußt aufwuchs. Ich habe alle sozialen und politischen Einflüsse miterlebt. Als 1961 die Mauer gebaut und ideologisch begründet wurde, warum sie gebaut werden mußte, da habe ich gesagt: Ja, das ist richtig. Ich habe nicht so weit gedacht: Was kommt hinterher, wie sind die Lebensverhältnisse in der Bundesrepublik? Ich habe nie Kontakte zu ihr gehabt, keinerlei Verwandtschaft, nix. So bin ich groß geworden. Sicherlich, da muß ich mal einlenken, hat man sich Gedanken gemacht: Warum wird die Grenze immer mehr perfektioniert, warum reicht der Zaun nicht aus, warum müssen noch Minen gelegt werden? Warum dazu noch ein auf elektronischer Basis funktionierender Grenzsignal- und -sperrzaun? Aber die vorherrschende Ideologie war eben: Wir müssen uns absichern, auch gegen Leute, die von hier, aus der DDR, in die Bundesrepublik wollten.«

»Auch? Gerade Sie kannten doch die Sperrelemente zwischen Hauptzaun und Schutzzaun. Es war doch ganz klar, daß diese Mauer nicht gebaut worden ist, um Eindringlinge abzuwehren, sondern ausschließlich, um Menschen zu hindern herauszukommen.«

»Das habe ich, jedenfalls in den ersten Jahren, persönlich anders gesehen, eben durch die Abwerbung, vor allem über Berlin, und all die Manipulationen, die der DDR Schaden zugefügt haben.«

»Noch einmal – und wieder Hand aufs Herz: Haben Sie es damals nicht vielmehr als gerechtfertigt angesehen, daß die von drinnen nicht nach draußen kommen sollten?«

Hajo Ulrich, nach einer Weile: »Ja, habe ich.«

»Und wie lange?«

Wieder nach einer Pause: »Fast bis zuletzt.«

»Bitte, was heißt das genau?«

»Bis 88/89.«

»Nehmen Sie es mir übel, wenn ich frage, wie der Hajo Ulrich von heute über den von damals denkt?«

»Aus heutiger Sicht sehe ich manche Probleme anders, und sicherlich, wenn ich diese Erkenntnisse schon 1963 gehabt hätte, dann wäre ich auch nie Offizier geworden. Wenn ich in der Bundesrepublik gelebt hätte, wäre ich vielleicht Offizier der Bundeswehr geworden, auch möglich. Die Frage ist schwer zu beantworten, aber mit den heutigen Erkenntnissen hätte ich garantiert sehr, sehr vieles anders gemacht.«

Schließlich stelle ich, vorsichtig, jene Frage, die gerade in diesem Fall die sensibelste sein dürfte: »Und wie war es mit der Stasi, den IM, den Informellen Mitarbeitern, dem Ausmaß der Überwachung und der Bespitzelung?«

»In dem Umfang, wie das vor sich ging und jetzt herauskommt, war es auf jeden Fall neu für mich. Ich habe mich mit den Strukturen der Staatssicherheit nicht befaßt, aber natürlich war sie im militärischen Bereich integriert, und in jedem Kollektiv saß einer, der der Stasi Informationen zugespielt hat.«

»Wußte man das?«

»Ja, wußte man. Doch lief hier schließlich auch eine sensible Linie, man mußte mit Fahnenfluchten rechnen, und so wurde das alles schon gema-

»Nein, ich bedaure die Wiedervereinigung nicht. Mit den heutigen Erkenntnissen hätte ich sicher sehr, sehr vieles anders gemacht« – Hajo Ulrich, ehemals Oberstleutnant der Nationalen Volksarmee und Offizier der Grenztruppe zwischen Ostsee und Schwanheide, während unseres offenen Gespräches bei Herrnburg

nagt in der Richtung: ›Paß auf, der hat vielleicht die Absicht . . .‹ Aber die Verflechtung, so weit, wie sie ging, das hat keiner gewußt.«
Und wenn Hajo Ulrich es gewußt hätte? Wäre er, der »fast bis zuletzt Überzeugte«, damit nicht ganz einverstanden gewesen? Ich stelle ihm die hypothetische Frage nicht, seine bisherige Ehrlichkeit hat sie eigentlich schon beantwortet, und irgend etwas in mir sperrt sich, ihn in noch größere Verlegenheit oder Bedrängnis zu bringen.
Also die letzte Frage: »Bedauern Sie denn, daß aus den beiden Teilstaaten nun das *eine* Deutschland geworden ist?«
»Nein, das bedaure ich nicht. Aber ehe das wirklich zusammenkommt, das wird lange dauern, länger als fünf oder zehn Jahre, viel länger.«
Nach dem Interview bleiben wir noch zusammen, lange.
Ja, Hajo Ulrich war ein Rädchen innerhalb eines freiheits- und demokratiefeindlichen Systems, und gar nicht mal ein bloß durchschnittliches. Aber ich komme nicht umhin, mir einzugestehen – der Mann ist mir sympathisch, durch die Art und Weise, wie er versucht, mit seiner Vergangenheit fertig zu werden.

Ich spüre: Die Arbeit pädagogisiert, die Begegnungen mit Menschen aus der ehemaligen DDR signalisieren mir Vorsicht und Bedachtsamkeit. Keine schnellen Urteile!
Auf dieser Reise entlang der alten deutsch-deutschen Grenze, von der materiell sowenig übriggeblieben ist, lerne ich etwas sehr Wichtiges: nämlich zwischen dem objektiv-historischen Charakter eines Systems und der subjektiven Verstrickung des einzelnen darin zu differenzieren, um zu möglichst vorurteilsfreien Erkenntnissen zu kommen. Dabei hat mir die Begegnung mit diesem ehemaligen Oberstleutnant der Nationalen Volksarmee geholfen, in mir niederzuschlagen, was sich als Richter gebärden will.
Das ändert nichts an dem Prinzip: Die Humanitas ist unteilbar. Da, wo sie von einem System geteilt wird, wo Menschenrechtsverletzungen im eigenen Machtbereich gerechtfertigt, in einem anderen, gegnerischen jedoch angeprangert werden, bleibt jede Berufung auf die Humanitas unglaubwürdig.
Wer sich aber ihrer Teilung in einer freien Gesellschaft mit uferloser Informationsfreiheit schuldig macht, also all die kleinen und die großen Fellowtravellers von Gewaltregimen in demokratischen Staaten, handelt meines Erachtens verwerflicher als jemand, der von Jugend auf der Staatsdoktrin einer geteilten Humanitas ausgesetzt war.
Hajo Ulrich begleitet uns zum Wagen, als wir uns weiter in Richtung Süden in Bewegung setzen, winkt uns noch lange nach, und wir winken zurück.

Stiepelse – »Dorfrepublik Rüterberg« – Das Kreuz bei Zicherie

Gegenüber von Bleckede an die Oberelbe.
Dieser »nasse« Teil der alten Grenze, die hundert Kilometer zwischen Lauenburg und Schnackenburg, war gleichzeitig auch ihr empfindlichster – der Streit, wo sie verlaufen sollte, ob am Ost- oder am Westufer, war nirgendwo heftiger als hier. Wer erinnert sich noch? Auch das schon wie ein abgelegtes und nie wieder aufschlagbares Kapitel unserer lärmvollen Geschichte.
Heute herrscht hier himmlische Ruhe.

Am Westufer der Elbe bei Bleckede: Seit Anfang 1990 quert die Fähre wieder den Strom

Ein unvergeßliches Bild an der Anlegestelle für die Fähre, die seit Anfang 1990 den Strom wieder von und nach Bleckede quert, eine Momentaufnahme, wie gestochen: Auf dem perforierten Beton des Kolonnenweges, neben dem alten Beobachtungsturm, ein Trabi, in seiner ganzen stolzen Dürftigkeit, ohne Fahrer, verlassen wie der graue Betonklotz, der die Wacht an der Elbe gehalten hat, ohne die Einheit verhindern zu können.
Am Mittag dieses Augusttages glüht eine wahre Saharasonne auf die Niederung herab, es ist so heiß, als sollte der Strom bis auf den Grund ausgetrocknet werden. In meiner Nase der typische Elbgeruch, ein spezifisches Aroma, das ich seit meiner Kindheit kenne.
Gegen Abend dann auf dem Deich bei Stiepelse.
Heute kann man sich hier frei bewegen, wo einst ein hoher Metallzaun jede Sicht auf das gegenüberliegende Ufer versperrt hatte. Wer seinerzeit aus dem oberen Stockwerk jenes Hauses da hinterm Deich auch nur einen Blick nach drüben gewagt hätte und dabei von den Posten erwischt worden wäre, der machte sich strafbar.
Man will es nicht glauben, aber so war es. Die Familie, die zögernd aus dem Haus hervorkommt und uns bei den Dreharbeiten zuschaut, bevor

Gesprächspartner aus Stiepelse. Die Ältere: »Mein Bruder ist hier durch die Elbe geschwommen . . .« Die Jüngere: ». . . weil er vorher Wind davon gekriegt hatte, daß er auf der schwarzen Liste stand.« Die Jüngste hat bereits keine Erinnerung mehr an die einst drei Meter hohe Mauer auf dem Deich

sie zu deren Subjekt wird, weiß davon beredt zu berichten – eine ältere Frau, zwei jüngere und ihre Kinder. Wir erfahren: Die Mauer auf der Deichkrone war 1970 gezogen worden, worauf die ersten Einwohner von Stiepelse weggingen, freiwillig.
»Aber sind nicht auch Leute aus dem Dorf ausgewiesen worden wie an der übrigen Grenze?« Die ältere Frau: »Ja, schon 1952 und dann natürlich 1961 – unsere Nachbarn, mit Kind und Kegel, mit Oma und Opa. Mein Bruder ist durch die Elbe geschwommen . . .« – ». . . weil er vorher Wind davon gekriegt hatte, daß er auf der schwarzen Liste stand«, fällt eine der jüngeren Frauen ihr ins Wort, »das wollte er nicht abwarten.« Die andere: »Mein Mann hat seine Eltern damals schnell ins Krankenhaus gebracht – die konnten einfach nicht kapieren, daß sie rausmußten.«
»Und was ist mit dem Besitz geworden?«
»Es gab eine ›Entschädigung‹, so nannte sich das – ganze 17 000 DDR-Mark haben die Eltern bekommen, wenig also, wie andere auch. Und dann sind sie in andere Gegenden versetzt worden, irgendwohin, was sie vorher gar nicht gekannt hatten. Verbracht in jahrelang nicht bewohnte Häuser von ›Republikflüchtigen‹, wo sich Ratten und Mäuse guten Tag sagten. Darunter war eine Frau aus Stiepelse mit vier Kindern, die mußten sich neu einleben.«
»Einer ist gegen die Ausweisung angegangen, der hat ein Wort riskiert und die Soldaten bedroht. Den haben sie gleich eingelocht.«
Die Frauen, die sich zunächst so scheu gaben, jetzt lösen sie einander ab, können gar nicht genug reden, haben längst alle Hemmungen vergessen, und die Kamera dazu.
»Die Soldaten durften nicht mit uns reden, aber manche waren auch nett. Ich habe sie immer angesprochen und ihnen auch mal 'ne Brause gegeben. Die dachten, wir wären Hundertprozentige, weil wir hier noch wohnten.«
Während des Gespräches ist es dunkler geworden, kaum noch genug Licht für die Aufnahmen, aber der Mitteilungsdrang erlahmt nicht.
»Gab es im Ort auch Stasi-Spitzel?«
Kopfnicken: »Genug.«
»Und was ist mit denen geschehen?«
Achselzucken. Dann die Ältere: »Na ja . . . Da war so eine Frau, die hat

immer gesagt: ›Wenn ihr wüßtet, was ich weiß.‹ Ich hab' zu der gesagt: ›Dann sagen Sie es doch.‹ Die tat immer so geheimnisvoll.«
Eine Weile Schweigen, wie bei einem peinlichen Thema.
Dann eine der Jüngeren: »Hier kam man nicht so ohne weiteres rein. Wer hier reinwollte, der mußte Passierscheine für die Fünf-Kilometer-Sperrzone haben. Mein Mann und ich lebten in Hagenow, und um die Eltern zu besuchen, mußten wir uns darum bemühen. Es mußten Hausbücher geführt werden, in denen genau festgehalten wurde, wer wann wen besucht hatte. Und die wurden in Abständen einkassiert und kontrolliert. Wir mußten uns auch eintragen, jedesmal, wenn wir kamen, zu den eigenen Eltern und Schwiegereltern. Die dachten ja auch, wir schleusten wel-

Momentaufnahme am Ostufer: ». . . neben dem alten Beobachtungsturm ein Trabi, in seiner ganzen stolzen Dürftigkeit, ohne Fahrer, verlassen wie der graue Betonklotz, der die Wacht an der Elbe gehalten hat, ohne die Einheit verhindern zu können«

che im Kofferraum ein, damit die dann über die Elbe konnten. Aber so was haben wir uns nicht gewagt.«

Die Ältere: »Wir mußten außerhalb des Dorfes immer unseren Personalausweis in der Tasche haben, sonst wären wir festgenommen worden. Und wenn man spät noch irgendwohin wollte, mußte man damit rechnen, daß einem plötzlich aus dem Straßengraben eine Maschinenpistole vor die Nase gehalten wurde – so war das damals.«

»Und dann der 9. November 1989 – wie ging das vor sich? Wann verschwand der Zaun, und wie lange hat das gedauert?«

»Nicht lange. Jeder konnte die Pfähle auf seinem Gehöft abbauen, die liegen heute hier herum – Sie können noch ein Stück Draht haben, wenn Sie möchten. Der Druck ist genommen, die Schlagbäume sind verschwunden. Wir sind erleichtert.«

»Haben Sie jemals geglaubt, daß es so kommen würde?«

»Nein, niemals, nicht zu unseren Lebzeiten.«

Die Schatten fallen lang, das Licht wird schwächer, die Kinder quengeln. Ein Mädchen und ein Junge, sechs und sieben Jahre alt, wissen schon nicht mehr, wovon die Rede ist.

Drüben, überm Strom, im Niedersächsischen, Rauch aus Schornsteinen hinter dem Deich. Über der Niederung und dem Wasser leichte Schwaden. Baumkonturen. Am Ufer ein Pärchen.

Ein Abend in Stiepelse an der Elbe, bis vor kurzem noch unerreichbar.

Noch rigoroser als in Stiepelse ging es zu DDR-Zeiten in Rüterberg zu – die Ortschaft lag hinter einer Doppelsperre. Wie kam es dazu in diesem Südwestzipfel Mecklenburgs?

Das Unglück des 300-Seelen-Dorfes war seine topographische Lage: Auf einem Elbbogen gelegen, der wie eine vorwitzige Nase ins Bundesgebiet vorstieß, erregte es seiner vermuteterweise günstigen Fluchtmöglichkeiten wegen die spezielle Aufmerksamkeit der obersten Grenzwächter im Politbüro der SED. Die erklärten das Dorf zynisch zum »Bollwerk gegen den Imperialismus«, mit der Folge, daß die Rüterberger gleich zweimal ›gesichert‹ wurden – an der Elbfront und auf der Landseite.

Fortan schloß sie ein drei Meter hoher Metallgitterzaun von der übrigen Welt ab, auch von der östlichen, also der DDR selbst. Einzige Öffnung für sie, auf der Landseite: ein schmales Tor, an dem Wachtposten der »Grenzorgane« Tag und Nacht jeden Zu- und Abgang zu kontrollieren hatten – selbst in diesem Staat des absurden Mißtrauens gegen jedermann eine absurde Ausnahmesituation.

Da nach 23 Uhr sich niemand mehr auf der Straße blicken lassen durfte, stellte sich bei Geburtstags- oder anderen Familienfeiern die bange Frage, wie lange sie denn wohl dauern konnten. Und natürlich wurde jeder Besuch von außerhalb erst recht zu einer Staatsaktion. Solcher Besuch traf allerdings höchst spärlich ein. Denn nicht nur, daß Rüterberg für Gäste und Verwandte aus dem Westen tabu war, auch nahe DDR-Verwandte hatten hohe Bürokratenhürden zu überwinden, um Großeltern und Eltern, Schwestern, Brüder, Neffen und Nichten mal wieder in die Arme schließen zu können.

Natürlich hatte es auch hier im Rahmen der »Aktion Ungeziefer« (!) Ausweisungen gegeben, Zwangsumsiedlungen ins Hinterland, durchgeführt mit der gleichen Rücksichtslosigkeit, von der wir schon in Stiepelse erfahren hatten. Dazu kam, daß die Rüterbergerinnen und Rüterberger, die bleiben konnten, in ihrem Heimatort kein Wohnrecht hatten, sondern nur eine Aufenthaltsgenehmigung, die alle drei Monate erneuert werden mußte. Da versteht man, daß sich die Einwohnerzahl auf 150 Köpfe bis zur Wende halbiert hatte.

Übrigens trat sie hier einen Tag früher als ihr offizielles Datum ein, das heißt, 24 Stunden bevor die Mauer in Berlin fiel – also schon am 8. November 1989. Denn an diesem Tag riefen die Bewohner ihren geschundenen Heimatflecken angesichts seiner doppelt beschwerlichen Sondergeschichte zur »Dorfrepublik Rüterberg« aus! Und das in einer aufmüpfigen Versammlung vor der sprachlosen SED-Obrigkeit. Späte Genugtuung, daß der selbstverliehene Titel danach von der Landesregierung Mecklenburg-Vorpommerns ausdrücklich anerkannt und in einer Feierstunde vor den jubelnden Einwohnern bestätigt wurde.

Als wir in das Dorf einziehen, liegt es wie ausgestorben da, wie von der Pest getroffen – es stellt sich einfach tot. Kein Wunder – von den Medien seit Jahren heimgesucht, verschwinden die Bewohner möglichst unauffällig in ihre Häuser, sobald nur ein Kamera- oder Rundfunkteam auftaucht. Und das auch diesmal – wofür wir volles Verständnis haben.

In Rüterberg an der Elbe trat die Wende schon am 8. November 1989 ein, 24 Stunden bevor die Mauer in Berlin fiel. Denn an diesem Tag riefen die Bewohner ihre Ortschaft stolz zur »Dorfrepublik Rüterberg« aus

Also verzichten wir auf Interviews und filmen, was von den Insignien der Doppelfestung im Elbbogen vor Dömitz übriggeblieben ist: das nun offene Tor auf der Landseite, am Elbufer den Streckmetallzaun, seine nutzlosen, rotweiß gestrichenen Schranken und den inzwischen offenbar privat benutzten Beobachtungsturm. Diese tröstliche Umfunktionierung des frisch verglasten und oben mit freundlichen Farben angestrichenen Betonungetüms entnehme ich vor allem einem Bild, das wie der idyllische Gegenpol zu seiner Ursprungsaufgabe wirkt: einem neben die verschlossene Eingangstür neckisch postierten Sonnenschirm, farbfroh und herrlich unmilitärisch, mit der Stange in einen roten Metallfuß verankert und, obwohl nicht aufgespannt, vom Wind leicht bewegt. Als hätte es hier nie ein strenges Tag-und-Nacht-Überwachungssystem gegeben, nie scharfe Kommandos, nie hechelnde Hunde, nie den Extrakarzer Rüterberg mit seinen doppelt eingesperrten Insassen innerhalb des großen Staatsgefängnisses DDR.

Schutzstreifen
Betreten und Befahren
verboten!

Rüterberg an der Elbe. Seiner Lage wegen waren die Bewohner zu DDR-Zeiten doppelt eingeschlossen, von der Wasserfront und von der Landseite. Ein drei Meter hoher Metallgitterzaun trennte sie von der übrigen Welt ab, auch von der östlichen, also der DDR selbst

Später, vom Nordufer aus und gegen die untergehende Sonne wie ein Scherenschnitt abgehoben, die neue Elbbrücke bei Dömitz: unten die dunkle Straßenhorizontale, darüber der elegant gewölbte Trägerbogen – ein wahrer Stahlstich klassischer Moderne.

Bei Zicherie dann ein Kreuz, gleich neben der Straße.
Hier wurde am 12. Oktober 1961 der Dortmunder Journalist Kurt Lichtenstein erschossen – als er von westdeutschem Boden aus mit Feldarbeitern auf DDR-Gebiet sprechen wollte.
Das schlichte Holzkreuz, nicht nur unmittelbar an der alten deutsch-deutschen Demarkationslinie, sondern auch am damaligen Schnittpunkt des Kalten Krieges und seiner rivalisierenden Supermächte USA und Sowjetunion – dieses Kreuz steht heute mitten in Deutschland wie der Mauerrest ein wenig östlich davon, über einen Graben hinweg.
Vor beidem kommt mir, zum erstenmal mit solcher Intensität, der Gedanke: Muß es für junge Menschen, Angehörige der nächsten Generation, nicht schon jetzt, mehr aber noch morgen, schier unbegreiflich sein, daß hier, im Herzen des Landes, eine Art deutscher Bürgerkrieg stattgefunden hatte? Daß sich dort, wo nun friedliche Mitte ist, eine schwerbewaffnete Trennlinie hinzog? Kreuz und Mauerrest sind auf einen Blick zu erfassen. Aber wie wird auf sie reagiert werden? Werden die Überbleibsel der innerdeutschen Grenze künftig nur Grund zu staunendem Kopfschütteln sein oder auch warnen, einen Appell aussenden nachzuforschen, was zu ihr geführt hat? Und wird ihre historische Kausalkette nur bis zum 13. August 1961 gespannt und nicht viel weiter zurückverfolgt werden, über den 8. Mai 1945 in eine Geschichte, die aus der Tiefe des Zweiten, des Bismarckreiches, zum Triumph des Dritten und seinem 30. Januar 1933 geführt hat?
Vorbei an dem Gedenkkreuz für Kurt Lichtenstein gehe ich über den Graben auf den Mauerrest zu, bleibe dahinter stehen – und entdecke plötzlich, was zwar schon lange zu beobachten, bisher aber nicht in mein Bewußtsein gedrungen war – die deutsch-deutsche Grenze hat einen vegetationslosen Streifen hinterlassen! Fast überall, wo einst, wie hier, freies Schußfeld war, entlang der ganzen Mauer quer durch Deutschland, wo immer die Beschaffenheit des Boden es zuließ, hat sich inzwischen die

Stilleben am restaurierten Wachtturm von Rüterberg: Das Bild, das der in Privatbesitz befindliche ehemalige Wachtturm mit dem Sonnenschirm heute bietet, könnte leicht die zwanzigjährigen Leiden der zweifach abgekapselten 150 Bewohner verschleiern

Natur ihr Reich zurückerobert, sprießen Gräser und Blumen, schlagen Bäume und Sträucher aus. Auf alle Segmente der einstigen Sperrlinie hat der Wind die Samen getragen, und auf allen sind sie aufgegangen, nur auf einem nicht – auf dem sogenannten »Spurensicherungsstreifen« hinter dem Hauptzaun, treffender Todesstreifen genannt, weil dort die meisten »Grenzverletzer« erschossen worden sind!
Dieses Sperrelement zog sich zwischen Hauptzaun und Kolonnenweg dahin, ein etwa sechs Meter breiter Sandpfad, auf dem sich jeder Fußabdruck abgezeichnet hätte und der deshalb ständig keimfrei bleiben mußte. Und so hatten die Grenztruppen denn dafür zu sorgen, daß darauf nichts wuchs, daß die Kraft der Vegetation hier kein Unheil anrichtete, sich kein Unkraut festsetzte, Pflanzen, gar bunte Blumen und ähnliche Hindernisse, die es Fußabdrücken leichter gemacht hätten, unentdeckt zu bleiben. Deshalb wurde der »Spurensicherungsstreifen« auf seiner ganzen Länge zwischen Ostseestrand und Dreiländereck, also auch hier bei Zicherie, mit einem Pflanzenbekämpfungsmittel besprüht, und das immer wieder, über Jahrzehnte und so nachhaltig, daß dort bis heute so gut wie nichts wächst – denn dieses Sprühzeug bestand zu sechzig Prozent aus Dieselöl.

»Unten die dunkle Straßenhorizontale, darüber der elegant gewölbte Trägerbogen – ein wahrer Stahlstich klassischer Moderne«: die am 13. Dezember 1992 eröffnete neue Elbbrücke bei Dömitz

Der Inhalt wie vieler Tankschiffe ist so verspritzt worden?
In meinem Rücken, überm Straßengraben, das Gedenkkreuz, näher hier der Mauerrest – ich knie nieder, suche auf dem einstigen Todesstreifen nach Grünem, und finde nichts.
Auch eine Art deutscher Gründlichkeit.

Kreuz bei Zicherie –
ohne Worte

»Wenn man das heute so sieht, kann man es gar nicht glauben«

Dann an der ehemaligen Grenzkontrollstelle Marienborn, gegenüber Helmstedt, Autobahn von und nach Berlin – unbehindert fließt der Verkehr an dem einst aufwendigsten, heute aber völlig verwaisten innerdeutschen Sperrfort vorbei.

Vielgegliedert war dieser größte Kontrollfilter, die Schleuse nicht nur für die Transitströme von und nach West-Berlin, sondern auch für Reisende mit Aufenthaltsgenehmigungen in die DDR und weiter nach Osten.

Ich betrete das auto- und menschenleere Gelände der einstigen Kontrollanlage, irgendwie noch ungläubig, daß es geschehen kann, ohne daß eine Uniform auftaucht und barsch fragt, was ich hier wolle; gewahre allenthalben die Zeichen des Verfalls, rostende Dachträger, verschimmelnde Wellblechhütten, außer Dienst gestellte Verbots- und Zollschilder, höre meine eigenen Atemgeräusche und denke: Es kann nicht wahr sein!

Es kann nicht wahr sein, daß Marienborn und alles, was dieser Name einmal für Millionen bedeutet hat, nicht mehr existiert. Denn wie oft habe ich selbst hier gestanden und gewartet, in Grimm, Verzweiflung und Zorn überzeugt davon, daß diese Monstrosität auf unabsehbare Zeit triumphieren, daß sie lange Bestand haben wird, länger ganz gewiß als das eigene Leben. Das hatte ich noch jedesmal gedacht, wenn ich mich hier eingefunden hatte, immer wieder angetastet von dem Willkürspielraum, der beklemmend allgegenwärtig war, umzingelt von der strikten Unpersönlichkeit des Grenzpersonals, die mehr vom wahren Charakter des Staatswesens offenbarte, als ihm lieb sein konnte, und in all den Jahrzehnten nur von einer einzigen gegenteiligen Erfahrung beglückt, Mitte der siebziger Jahre.

Ein junger Grenzsoldat hatte unsere Kameraausrüstung im Wagenfond erblickt, hatte höchst fachmännisch nach Einzelheiten gefragt und sich dabei als ein begeisterter Hobbyfilmer ausgewiesen. Einige Minuten ver-

Die Autobahn von und nach Berlin an der ehemaligen Grenzkontrollstelle Marienborn östlich von Helmstedt: ruheloser Tag- und-Nacht-Verkehr – unbehindert

gaß er seinen Dienst, versank der Ort, an dem er war, siegte seine natürliche Neugierde über das eingefleischte Reglement, kam für kurze Zeit der Mensch zum Vorschein – ein Ereignis, das mich, ungewohnt, wie es war, geradezu erschüttert zurückgelassen hatte. Sonst war hier nichts als Unnahbarkeit, Pokermiene, jederzeit abrufbare Aggressionsbereitschaft. Neue Generationen werden Gott sei Dank nicht mehr nachempfinden können, was sich hier vierzig Jahre lang immer aufs neue abgespielt und aufgestaut hatte. Verstörende Ungewißheiten; heimliche Solidarisierung mit sich ebenfalls unbehaglich fühlenden Nachbarn, mit einer ganz neuen, hoch konspirativen Augen- und Lippensprache. Vor allem aber der immer komprimiertere Wunsch: weg, so rasch wie möglich fort von

Marienborn war der monströseste Kontrollfilter der DDR. Verrostetes Gestänge, verfärbtes Wellblech, Unkraut zwischen den Betonplatten – das ist übriggeblieben von der größten »Menschenschleusung« an der innerdeutschen Grenze von einst

dieser Stelle, an der ein Staat gerade das, was ihn gefährlich machte, seine innere Schwäche, so sichtbar in äußere Stärke umzulügen versuchte.
Die Übermacht der seinerzeit gesammelten Erfahrungen und Erlebnisse am Kontrollpunkt Marienborn, die vermutete Endgültigkeit seiner Existenz, sie sind so stark, daß ich mich sogar jetzt noch bei dem grotesken Zweifel entdecke, ob ich wache oder träume.
Aber nun kommt hier eine weitere Dimension dazu, etwas uns (und wohl auch der Öffentlichkeit) bisher wahrscheinlich völlig Unbekanntes, das diese unheimliche Stätte postum nur noch unheimlicher macht: die Katakomben von Marienborn! In sie werden wir eingeführt durch einen Mann, der hier bei der »Abwicklung« so etwas wie den »Hausmeister« macht – das 17 Quadratkilometer große Sperrareal war vollständig unterkellert!
Vor uns tut sich in drei Kilometer Länge ein unterirdisches, von Rohren durchzogenes Labyrinth auf, in dem es modrig riecht und das als Installationsplatz viel zu geräumig war für die Energieversorgung des Kontrollpunktes, seine Notaggregate bei Stromausfall, für die hygienischen und sanitären Anlagen.
Wofür aber war es dann gedacht?

»140 Alarmknöpfe gab es, deren Sperren über das ganze Gelände verteilt waren« – im zentralen Beobachtungsturm der verwaisten Kontrollstelle. Der »Hausmeister«, ein ehemaliger »DDRler«, hat sich kundig gemacht über jede Einzelheit des gigantischen Kontrollsystems . . .

Wie von selbst schießt einem hier unten der Gedanke durch den Kopf: ein ideales Versteck für ganze Truppenverbände. Bei Nacht und Nebel hierher transportiert, hätte der Gegner keine Ahnung gehabt von der grenznahen Massierung so vieler Bewaffneter, möglicherweise ein Überraschungsfaktor von strategischer Bedeutung im engeren Radius eines so hochsensiblen Terrains. Aber welche Vermutungen auch immer zutreffen mögen, eines ist sicher: Die Bauherren dieser volltechnisierten Höhle haben an ihre ewige Herrschaft geglaubt.

Wieder oben, werden uns im zentralen Kontroll- und Bewachungsturm Marienborn die elektronischen Innereien eines perfekten Sicherungssystems vorgeführt – der »Hausmeister« hat sich darin firm gemacht.

Denn es ist noch alles da wie gehabt, wenn auch bereits ein wenig patiniert – da sind die Schaltpulte und ihre Knöpfe, die Hebel und Leuchtbirnen, die Apparaturen für die Außenbeleuchtung, deren große Masten wir von der alten Leitstelle sehen können; der Schalter, der bei Ausfall des Netzes die Notstromaggregate innerhalb von dreißig Sekunden angeworfen hätte, und der rote Knopf für die zentrale Alarmanlage, von der aus die Grenze auf einen Schlag, von einer Sekunde auf die andere, hermetisch abgeschottet werden konnte.

. . . eingeschlossen die »Katakomben«, sich kilometerlang unter der ehemaligen Grenzstelle hinziehende Tunnels, deren Ausdehnung zu allerlei Spekulationen über den Zweck des Marienborner »Kellers« geführt hat

Wir erfahren, daß es insgesamt 140 Alarmknöpfe gab, deren Sperren über das ganze Kontrollgebiet verteilt waren und die einzeln ein- und abgeschaltet werden konnten; daß die Pkw- und die Lkw-Spur hier getrennt liefen und daß die Alliierten eine Extraspur hatten und nicht über das Gelände der Grenzkontrollstelle, sondern außen vorbeifuhren und dort von sowjetischen Militärs abgefertigt wurden. »Nur papiermäßig, keine Wagenprüfungen. Ob die Grenze offen oder geschlossen war – Engländer, Amerikaner und Franzosen kamen immer durch.«

Um den Sicherungshorror komplett zu machen, gab es auch noch eine »Beschaubrücke« – auf ihr saßen Grenzposten, die von da oben ausspähen sollten, ob sich zwischen dem Stückgut offener Lkw Flüchtlinge versteckt hielten.

Im Zuge der »Menschenschleusung« (Fachausdruck der DDR-Bürokratie) war hier nichts vergessen worden: weder kleine Garagen für eine gründliche Kontrolle von Pkw und ihren Insassen noch öffentliche Toiletten, noch – für den Fall eines Falles – eine Leichenhalle (die nun tröstlicherweise außen von bunten Graffiti strotzt).

Nach seinem eindrucksvollen, fast einstündigen Kolleg über das einstige Sperrsystem von Marienborn frage ich den »Hausmeister«: »Sie haben sich alle diese Kenntnisse selbst angeeignet?«

»Ja, das habe ich. Obwohl ich aus der ehemaligen DDR stamme, war es eine ganz neue Erfahrung für mich. Man hat sich ja vorher über das Bewachungssystem keine Gedanken gemacht, kam ja auch gar nicht bis hier vorn durch. Es gab doch die Fünf-Kilometer-Sperrzone, in die man ohne Passierschein nicht einreisen durfte. Darum war das alles neu für mich. Ich hatte keine Vorstellung, welche ungeheuerlichen Ausmaße das Ganze hatte.«

»Und wenn Sie jetzt so davorstehen und das alles kennen – was haben Sie da für Gefühle?«

»Von der Sache her – perfekt. Hier kam praktisch keine Maus durch. Aber mein Gefühl sagt mir: Die Anlage war unbarmherzig, und was sich hier abspielte, war nicht schön. Wenn man das heute so sieht, kann man gar nicht glauben, daß es so etwas gab. Wer es nicht erlebt hat, wer es nicht so mitgekriegt hat wie ich, der kann's einfach nicht glauben. Aber es sind nun mal Realitäten gewesen, und die haben viel Geld gekostet. Geld, das

Relikte des staatlich verordneten Mißtrauens, abgestellt auf dem Hinterhof der Geschichte. An Anschauungsobjekten mangelt es nicht. Seit dem 13. August 1996 ist die ehemalige Grenzkontrollstelle Marienborn eine Gedenkstätte

Unter Denkmalschutz: Mauerreste am Rande der Ortschaft Hötensleben, Sachsen-Anhalt. Wollten die Hötenslebener sie weiter vor ihrer Nase haben? Bei der Abstimmung behielten die Befürworter knapp die Oberhand

An den übriggebliebenen Platten des sogenannten Kfz-Sperrgrabens gut zu erkennen: Der Winkel war so angeordnet, daß der Durchbruch durch den »antifaschistischen Schutzwall« ausschließlich von Osten her erwartet wurde und jedes Fahrzeug, sogar ein gepanzertes mit Raupenbändern, steckenbleiben mußte

für unsere Alten, Kranken oder für soziale Zwecke sicher nutzbringender angewendet gewesen wäre. Wenn man das so sieht, die ganze Anlage, und bedenkt, was die an Summen verschlungen hat, da müßten einem noch jetzt vor Wut und Enttäuschung die Tränen in den Augen stehen. Was wir an Entbehrungen auf uns nehmen mußten, um dies alles zu finanzieren. Mehr kann ich dazu nicht sagen.«

Dann geht der Mann weg, steigt durch eine Luke nach unten, klappt sie zu.

Von hier oben im zentralen Beobachtungs- und Bewachungsturm Marienborn ist das gesamte Gelände nach allen Seiten in seiner ganzen ausrangierten Öde zu übersehen: die längst sinnlosen Hinweisschilder; der Rost der dumpfen Abfertigungshallen; die Betonmasten mit ihren unzähligen, nach allen Seiten gerichteten Scheinwerfern obendrauf; die riesige Fläche genormter Betonplatten, aus deren Zwischenräumen es überall grün hervorwuchert. Und dazu wieder, wie so oft schon auf unserer Grenzfahrt, ein unvergeßliches Bild, diesmal von hier oben: Der »Hausmeister«, im Hemd mit kurzen Ärmeln und einem blauen Overall, ein Mann von schätzungsweise fünfzig Jahren, geht da unten Schritt für Schritt über den leeren Platz auf ein mehrstöckiges Haus zu, wird kleiner und kleiner, und verschwindet drüben in einer Tür.

Über ihr, glanzlos, die Fensterfront des Dienstgebäudes, in dem einst die Offiziere der Grenztruppen und die höheren Chargen der Staatssicherheit residiert hatten, nun unbewohnt.

Seit dem 13. August 1996 stehen die Überbleibsel der einstigen Grenzkontrollstelle Marienborn unter Museumsschutz. Nun ist die Anlage Gedenkstätte. Gut so.

Das Haus am Kolonnenweg

Kommt man von solchem Ort, wirkt es wie ein Wunder, daß die ehemalige Grenze Idylle von bestrickender Schönheit hinterlassen und naturverbliebene Biotope geschaffen hat, als wandle man in vergangenen Jahrhunderten – die pure Unberührtheit.
Von einer Stelle träume ich besonders und immer wieder, irgendwo in der Nähe der ehemaligen Grenzortschaft Hötensleben, die wir aufgesucht hatten, weil dort aus musealen Gründen ein Mauerrest erhalten geblieben ist, den wir filmten, ehe wir nach Süden weiterfuhren.

»Das Bild hat sich in meine Vorstellung eingegraben wie etwas lang Ersehntes und endlich Gefundenes . . .« Immer wieder stoßen wir an der ehemaligen Grenze, wie hier im Vorland des Harzes, auf Landschaften von unbeschreiblicher Schönheit und Unberührtheit. Und immer wieder die bange Frage: Was wird aus diesen Idyllen werden?

Das Bild hat sich in meine Vorstellung eingegraben wie etwas lang Ersehntes und endlich Gefundenes: ein Flußlauf von sanfter Strömung, keine zehn Meter breit, streckenweise mit weißen und gelben Seerosen bedeckt, wildwachsende Gräser und Sträucher an Ufern, die nie auch nur von der Ahnung einer Begradigung oder Kanalisierung gestreift worden sind. Und während sich hier vorn auf dem Wasser die Wolkentupfer des Sommerhimmels und die Schatten von Baumwipfeln glasklar widerspiegeln, zieht sich im Hintergrund eine Phalanx dunkler Tannen hin wie der stumme Wächter eines von der übrigen Welt vergessenen Paradieses.

Fast könnte man vergessen, daß es die Friedhofsruhe des Sperrgebietes war, die solche Idyllen schuf. Doch was wird aus ihnen werden? Wird ihr elysischer Anblick uns erhalten bleiben? Das Ja kommt tief aus der Überfülle meines Entzückens – aber beunruhigt, überaus beunruhigt ist seine Hoffnung schon.

»Das Dorf Roden an der Grenze zwischen den Bundesländern Niedersachsen und Sachsen-Anhalt liegt eingebettet in eine Topographie sanft geschwellter Hügel da . . .«

Das Dorf Roden an der Grenze zwischen den Bundesländern Niedersachsen und Sachsen-Anhalt liegt eingebettet in eine Topographie sanft geschwellter Hügel da – ganz in der Ferne, eine Ahnung erst, der Harz. Hier ist ein langer Teil des Kolonnenweges erhalten geblieben, quer gelegte Einzelplatten, deren jede von achtzehn Rechtecken perforiert ist – griffiges Pflaster für die Fahrzeuge der Grenzkontrolleure, die unmittelbar hinter Hauptzaun und Todesstreifen auf der Betonspur entlang patrouillierten. Weit, weit zieht sich die Trasse nach Süden hin. Sonst ist von dem Sperrwerk nichts mehr zu sehen, ignoriert man einmal die deutliche Unfruchtbarkeit des »Spurensicherungsweges«, von dessen schmalen Streifen die Felder nach wie vor versehrt sind.
Dort unten im Grund, an der westlichen Peripherie der kleinen Ortschaft, erregt ein ländlicher Gebäudekomplex unsere besondere Neugierde. Er muß sich geradezu an den östlichen Teil der Mauer angeschmiegt haben, den sogenannten Schutzzaun etwa 500 Meter hinter dem Hauptzaun. Eine engere Nachbarschaft als diese ist uns bisher nicht begegnet.
Ich habe den Hof deshalb spontan das »Haus an der Grenze« genannt.
Dort treffen wir den Bauern Heinz St. – »der Nachname tut nichts zur Sache«: um die Vierzig, schwarzes Haar, schwarzer Bart, braungebrannt,

»Gleich hier, am zweiten Kolonnenweg, direkt hinterm Schutzzaun, verlief die Grenze.« In ihrer unmittelbaren Nähe hat der Rodener Landwirt und Kommunalangestellte Heinz St. (hier auf seinem Hof im Gespräch mit dem Autor) bis 1989 sein Leben verbracht. Ohne innere und äußere Schäden, wie er sagt

Der Hof muß sich geradezu an den östlichen Teil der Grenzbefestigung, den sogenannten Schutzzaun, angeschmiegt haben – eine engere Nachbarschaft ist kaum zu denken. Auf dem griffigen Pflaster des Kolonnenweges patrouillierten die Grenzkontrollfahrzeuge

verheiratet, Vater zweier Kinder. Die Familie bleibt im Haus, als der Angestellte der Kommunalverwaltung und nebenberufliche Landwirt seine Mittagspause für das Interview mit uns opfert.

»Wie wir hier gelebt haben? Gut haben wir gelebt. Wir wurden nicht gestört, es war Ruhe hier. Die Grenzer waren Menschen wie wir selber, die haben den Kontakt zu Gleichaltrigen gesucht wie wir auch. Als das anfing, waren wir ja noch jung. Man hatte keine Streitereien mit ihnen.«

»Und als es dann soweit war, als die Mauer fiel, hier vor Ihren Augen – wie war das?«

»Es war erst mal ein komisches Gefühl. Das kam zuerst über Radio, morgens um vier oder fünf hat man das Fernsehen ja noch nicht an. Ich hörte,

daß die ersten Besucher aus West-Berlin zurückkamen. Da dachte ich: Moment mal, was war das eben? Das konnte ich noch nicht gleich fassen. Aber dann hat man sich daran gewöhnt. Das kam ja Schlag auf Schlag, daß die ganzen Grenzorte aufgemacht worden sind, die großen, wie Marienborn und Mattierzoll, und die kleinen, wie Stapelburg, Rimbeck, Poppenstedt. Und unserer hier auch noch.«
»Wo verlief die Grenze hier bei Ihnen denn genau?«
»Gleich hier, am zweiten Kolonnenweg, direkt hinterm Schutzzaun, der erste Kolonnenweg war vorn, hinterm Hauptzaun. Da kam keiner hin, außer den Grenzern. Aber wir hatten hier alles vor Augen, was die 500 Meter dazwischen boten: den Streifen, auf dem nichts wuchs, der immer zurechtgemacht wurde, mit 'ner Egge, daß man eventuelle Fußabdrücke sehen konnte; den zwei Meter hohen Zaun, Streckmaterial; die Plattensteine, mit den kleinen Fächern drin, und Stacheldraht.«
»Wollen Sie hier bleiben?«
»Ja. Ich werde hier bleiben. Was meine Kinder später machen, das weiß ich nicht, das müssen sie selber entscheiden. Das Grundstück ist groß genug. Hängt davon ab, ob sie Arbeit finden.«
»Und dies hier, der Grund und Boden, das ist Ihre Heimat?«
»Das ist meine Heimat.«
Eine denkwürdige, von stetigem Gebell begleitete Begegnung.
Heinz St., der sein ganzes Dasein über an der deutsch-deutschen Trennlinie gelebt hat, zeigt keinerlei innere Schäden, nicht die geringste Versehrung durch die knallharte Linie hier unmittelbar vor seiner Nase – bei unserem Gespräch treten wir fast auf den Kolonnenweg. Aber ungeachtet dessen legt Heinz St. seine heile Verfassung bloß, offensichtlich bester Gesundheit und stark wie ein Bär.
Wenn er spricht, wackelt er ein wenig mit dem Kopf, ohne daß der Verdacht aufkommen könnte, das sei eine psychisch bedingte Marotte. Er blinzelt freundlich in die Sonne und antwortet so einfach und gerade, wie er aussieht – unverwüstlich. Wie der Hof, den wir mit »langen Tüten« von einem erhöhten Standort aus einem halben Kilometer Entfernung filmen, eine Ansammlung von schiefen Dächern, urländlich, mit Holztreppen und Holzverschlägen, mit Strohgeruch und Hundegebell, das westlichste Gebäude von Roden und einst das »Haus an der Grenze«.

»Warum diese Grenze als Hauptdarsteller?«

Weiter, in den Harz hinein, zu jenem Teilabschnitt der ehemaligen Demarkationslinie, an dem 1978 die Dreharbeiten für meine Sendung »GRENZE '78 – Ein deutsches Tagebuch« begonnen hatten. Das übrigens damals fast datumsgleich mit der heutigen Arbeit, also ebenfalls im August, mit meinem Freund und Kameramann Dieter Hoffmann vom Sender Freies Berlin, aber unter welch anderen Bedingungen als heute!
Ein kurzer Rückblick.
Seinerzeit war in zwei Etappen gefilmt worden – an dem Grenzabschnitt des DDR-Bezirkes Magdeburg vom niedersächsischen Gebiet zwischen Brockenvorfeld und Hohegeiß aus und am Sperrsystem der DDR-Bezirke Erfurt und Suhl vom hessischen Territorium östlich der Linie Kassel–Hünfeld her. Beide Drehabschnitte, insgesamt eine Strecke von rund 150 Kilometern, wurden unter dem Aspekt möglichst exemplarischer Motive ausgewählt.
Bei den Vorbereitungen für die Sendung war ich oft gefragt worden: Warum gerade dieses Thema, eine Wunde, die immer wieder aufbricht, mit – wenn überhaupt – sehr fernen Heilaussichten, ein Stoff der politischen Trostlosigkeit und der diplomatischen Anfälligkeit? Warum also diese Grenze als Hauptdarsteller? Ich habe immer wieder dasselbe geantwortet: »Weil sie da ist!«
Jetzt, so viele Jahre später und ohne von ihr behindert zu werden, blicke ich von der Bundesstraße 4 auf den Brocken.
Hier, im Zentralharz, wo 1945 die braunschweigisch-preußische Landesgrenze verlief, noch früher die des Herzogtums Braunschweig zum Königreich Hannover, hier begannen damals die Dreharbeiten – mit der alten Granitsäule von 1791 neben der akkuraten Vermessung durch die deutsch-deutsche Grenzkommission.
Das lieferte mir eine verblüffende Erkenntnis: Ehemalige Feudalgemar-

kungen, Grenzen von alten Fürstentümern, Provinzen und Ländern waren geographisch identisch mit der Trennlinie der rivalisierenden Weltsysteme, deren eines, das sowjetische, hier auf ihrem empfindlichsten, dem innerdeutschen Teilstück, das beispielloseste Bauwerk der Weltgeschichte zur Verhinderung von Massenausbrüchen hervorgebracht hatte – landschaftsverändernd, wissenschaftlich geplant, tief gestaffelt und schwer bewaffnet.
Bei Eberbachtal fanden wir die drei Zaungenerationen an *einer* Stelle: den provisorischen von 1952, dessen Drähte zerfetzt herunterhingen, den schon stabileren vom Anfang der sechziger Jahre und den modernen Metallgitterzaun mit der damals noch daran befestigten Selbstschußanlage, der Splittermine SM 70.
Als wichtigste Sperrelemente notierte ich, was ich jetzt bis auf Kümmerreste in fortgeschrittener Auflösung oder als gänzlich verschwunden entdeckte: »Ein Graben zur Verhinderung von Kraftfahrzeugdurchbrüchen, Spurensicherungsstreifen, betonierter Kolonnenweg für Kontrollfahrzeuge, Beobachtungstürme, ein zweiter Zaun in 500 bis 1000 Meter Entfernung vom Hauptzaun, und hinter all dem die Fünf-Kilometer-Sperrzone.«
Jetzt stehe ich am gleichen Tag wie damals, dem 5. August, am Auslauf der Skisprungschanze Wurmberg und suche eine bestimmte Stelle. Den Platz, wo damals ein Tag und Nacht besetzter Bunker stand, dessen Insassen wir aber nur als schattenhafte Schemen zu sehen bekamen. Offenbar lautete ihr Befehl, für die Zaungäste auf der Westseite unerkennbar zu bleiben, und so sprangen, hüpften, huschten sie von einem Baum zum andern, versteckten sich, immer das Gewehr im Anschlag, hinter Büschen und Sträuchern – und blieben doch nicht anonym. Denn sie riefen dabei einander laut beim Namen: Heinz und Otto. Wie Kinder im Walde, die Angst haben.
Ich gestehe meine aufkeimende Rührung, ja, erinnere mich so genau an sie, als wäre es gestern gewesen.
Damals hechelten hier an der Grenze quer durch den Harz Hunde, in sogenannten Laufanlagen, ein furchterregender Anblick. An eine Leine gebunden, hatte jedes der starken Tiere eine bestimmte, von ihnen ununterbrochen abgerannte Strecke, deren auf den Zentimeter genaue

Zentralharz, Blick auf die Skisprungschanze Wurmberg. Die Kolonnenwege, auf denen direkt hinter dem Hauptzaun kontrolliert und patrouilliert wurde, zählen zu den dauerhaftesten Überbleibseln der Mauer. An einigen Stellen in gebirgiger Landschaft wirkt die Spur der betonierten Doppeltrasse wie eine bis auf das Fundament abgetragene Chinesische Mauer

Berechnung eine Doppelfunktion erfüllte: erstens, daß die äußerst scharfen, sichtlich angriffswütigen Hunde sich nicht ineinander verbeißen konnten, sondern gerade mit den Nasen aneinanderstießen, und zweitens, daß für keinen Flüchtling auch nur die geringste Chance blieb, zwischen diesen beiden Gebissen hindurch unversehrt an die Mauer zu gelangen.
In meinem Text hieß es damals:
»Wir wurden zufällig Zeugen der Fütterung von Grenzhunden. Es gab dafür keine festen Zeiten. Die Hunde, an Seile gekettet, laufen je ein Revier von etwa 80 Metern parallel zum Zaun ab. Ihre Aufgabe, Flüchtlinge zu ›verbellen‹ und anzufallen. Nach der Fütterung wurde der Spurensicherungsstreifen sorgfältig geharkt. Das sechs Meter breite Erdfeld wird regelmäßig geeggt, umgepflügt und mit Antivegetationsmitteln besprüht. In unserem Drehabschnitt von etwa 25 Kilometer Länge gibt es drei Laufanlagen mit 34 angeseilten Hunden.«
Nun stehe ich wieder hier, im Ohr noch das Gebell, und suche die Stelle, von wo aus wir die Fütterung beobachtet hatten, finde aber außer dem Kolonnenweg nichts mehr von der einstigen Befestigung.
Damals war ich abends noch einmal auf den Wurmberg gestiegen. Links lag, wie eine ferne Gralsburg, einer Wagnerschen Kulisse gleich, der Brocken mit dem Klotz der sowjetischen Abhörstation. Rechts, in einer Distanz von kaum fünf Autominuten und doch unerreichbar, schimmerten die Lichter von Schierke. Und unten die Hunde, deren Gekläff in der Dunkelheit noch schauriger hochschallte.
Wir waren damals erst seit drei Tagen unterwegs, aber plötzlich, dort oben auf dem Wurmberg allein in der Finsternis, hatte ich mich dabei ertappt, daß ich mir Trost zu holen versuchte von der Grenze des geteilten Korea. Denn war die nicht noch undurchlässiger, noch viel unüberwindbarer? Waren die Koreaner nicht noch abgeschnittener voneinander, ohne Bahn-, Post- und Telefonverbindungen, die es hier doch immerhin gab? Irgend etwas mußte herbei, um mir zu helfen, die noch vor uns liegenden fast drei Wochen durchzustehen.
Es mag ein seltsamer Krückstock gewesen sein, mit dem ich da vor fast zwanzig Jahren im Harz seelisch herumgehumpelt bin, aber er hat mir geholfen.

Heute, auf dieser zweiten Fahrt, muß zwar immer wieder eine Art Unglauben überwunden werden, daß es wirklich vorbei ist, endgültig vorbei, doch um so beglückender empfinde ich danach die neue, mauerlose Wirklichkeit. Etwa jetzt, da wir unbehindert die Straße zum Brocken hochfahren und oben, trotz wolkenverhangenem Himmel, von unserem 1142 Meter hohen Standort weit ins Land ringsum blicken können.
Dennoch gab es auf der Herfahrt wie nun auch auf dem Rückweg wieder hinab einen schweren Wermutstropfen in der Genugtuung über den unverhofften Verlauf der Geschichte. Ich spreche von dem zerstörten Wald auf dem oberen Brockengelände, von seiner ruinierten Ökologie, den kahlen Stämmen und dem bizarren Astwerk, das sich dort oben wie im Schmerz verkrampfte Hände ausstreckt. Diese schreckliche Verkrüppelung des Harzer Hochwalds will mir vorkommen wie ein Menetekel, das Zwangsvorstellungen von einer künftig blattlosen, vegetationsfreien Welt hervorbringt, von der Ausrottung des Chlorophylls, dem Entzug unserer Atemluft, dem lebensspendenden Sauerstoffschleier um unseren blauen Planeten. Sind wir noch zu retten?
Auch das Gedanken auf einer Reise mit der Frage, was von der deutsch-deutschen Grenze übriggeblieben ist.

»Phantastisch, großartig – diese Freude, diese Begeisterung!«

Sicherlich gibt es gewaltigere Staumauern als die der Eckertalsperre im Nordharz, aber mächtig genug sieht der konkave Wall von unten, von der Kraftstation her, schon aus.

Von oben dann, vom seitlichen Berghang, bietet sich ein erstaunliches Bild landschaftlicher Zweiteilung. Rechts der gestaute See, zu dieser Jahreszeit, im Hochsommer, zwar erheblich gefallen, aber dennoch wunderschön in seiner glatten Kühle und mit den grünen Uferhängen. Links ein schwindelerregend steiler Abfall, eine wie von einem Riesenhobel gegrabene Erdfurche, erstaunlicherweise trocken und nicht längst von den ungeheuren Wassermassen hinter der Staumauer überschwemmt, eine Assoziation, die sich bei dem Anblick so enormer Gegensätze unweigerlich selbst bei geringer Phantasie ganz von allein einstellt.

Wer allerdings die Eckertalsperre schon von früher, vor der Wende, gekannt hat, den wird wahrscheinlich eine andere Beobachtung weit mehr bewegen: daß nämlich auf der Dammkrone die stachelbesetzte Mauer mit dem Emblem des Arbeiter-und-Bauern-Staates fehlt, von der einst das Stauwehr sichtbar und der Stausee dahinter unsichtbar in einen bundesdeutschen und einen DDR-Teil zerlegt worden waren. Jetzt dagegen ist der Weg bis zum andern Ende frei und wird von vielen Besuchern begangen.

Von denen ziehen allerdings viele an der mit Absicht stehengelassenen DDR-Grenzsäule so achtlos vorbei, daß der Eindruck aufkommen könnte, daß alles vergessen sei, was sie symbolisiert.

Diese Annahme wird jedoch sogleich dementiert durch ein Gespräch, das ich drüben, auf der einstigen Ostseite der Talsperre, mit einem jungen Mann führe – einem engagierten Wanderer aus Wolfsburg, der mit dem Technischen Hilfswerk zu tun hat und der auf meine Frage, wie er den

9. November 1989, die Wende, den Fall der Mauer erlebt hat, antwortet: »Als ich davon hörte, bin ich an die Grenze gefahren und habe da geholfen, Beleuchtungsanlagen aufzustellen, die ganze Nacht durch. Wir wußten, sie würden kommen, von der anderen, der DDR-Seite, wir haben richtig darauf gelauert und das Ganze eigentlich doch nicht glauben können. Sollte das alles vorbei sein? Und dann kamen sie. Ich muß Ihnen sagen, mir fehlen die richtigen Worte für das, was dann geschah, als sie kamen, noch im Morgengrauen des 10. November 1989. Ich kann's nicht beschreiben, was so in mir vorging. Das war phantastisch, großartig, diese Freude, diese Begeisterung, von beiden Seiten. Wir wissen ja, was es inzwischen für Schwierigkeiten gibt und daß die Euphorie verflogen ist,

Die alte DDR-Grenzsäule auf der Staumauer der Eckertalsperre – längst »außer Dienst«

klar. Aber was an dem Morgen geschah, das war so echt, so ehrlich, so empfunden – das möchte ich nicht missen und werde es auch nie vergessen, nie. Da kann kommen, was da will. Da hat sich mal ein ganzes Volk in sein Herz schauen lassen. Genau das war's, genau das.«

Hinten, durch flirrendes Blattgewirr hindurch, eine malerische Kulisse, fällt der Blick auf den waldigen Gegenhang und einen Wasserspiegel, der blank glänzt und ziemlich tief gesunken ist. Als ich damals, 1978, hier an der Eckertalsperre war, auf der Westseite und bis zu der Betonsperre auf der Dammkrone, hatte es geregnet und der Stauspiegel fast die höchste Pegelmarkierung erreicht.

Die Rohrleitungen, die Niedersachsen mit Trinkwasser aus den Harzer Hochmooren bis Bremerhaven versorgten (und versorgen), lagen damals

Du bist gegangen nun zur Ruh', das Schicksal setzte hart Dir zu,
vorüber sind nun Schmerz und Leid, daß Du gehst wird höchste Zeit.

Deutsche Demokratische Republik

geb.: 7. 10. 1949 gest.: 3. 10. 1990

In stiller Trauer um das Ergaunerte:
Erich Honecker und Frau Margot geb. Feist
Egon Krenz, Erich Miehlke, Günther Mittag und Harry Tisch
Joachim Herrmann und Hermann Axen
Alexander Schalk-Golodkowski
Karl-Eduard von Schnitzler
Alle Mitglieder des Politbüros und der SED/PDS
Alle Spitzel der STASI und die RAF
Alle hervorragenden Persönlichkeiten der Staatsmacht
Alle Parteifreunde und Genossen
Oberst Ghaddaffi, Fidel Castro und Yasser Arafat

Die Trauerfeier findet am 3. Oktober, 10.00 Uhr mit dezenter Trauermusik, Rostbratwürsten, Gedenkminute und Bockbieranstich in der Gaststätte statt.

Unterwegs entdeckt: zeitgenössischer Abgesang auf eine untergegangene Epoche deutsch-deutscher Geschichte, der vier Tage an einer 41jährigen Existenz fehlten

auf einer Strecke von 4,8 Kilometern auf DDR-Gebiet. Nach langen Verhandlungen der deutsch-deutschen Grenzkommission wurden dort gerade notwendige Isolier-, Auswechslungs- und Ausbesserungsarbeiten durch eine bundesdeutsche Firma verrichtet.
Aus dem Protokollvermerk Nr. 53, 40. Sitzung der Kommission: »Zur Durchführung der Generalüberholung wird zwei Bautrupps mit je zehn Arbeitskräften und zwei Bauleitern der Aufenthalt auf dem Gebiet der DDR auf einem 15 Meter breiten Geländestreifen entlang des Leitungsabschnittes gestattet. Berlin, 3. Mai 1978.«
Wir durften drüben nicht filmen, setzten uns aber mit den Bauarbeitern zusammen, als sie mittags über die Bachgrenze zurückkamen. Sie nahmen uns in ihre fahrbare Unterkunft mit und antworteten mit wohltuender Sachlichkeit: Ihre Tätigkeit bei der Rohrverlegung sei schwierig, sie stießen dabei auf Felsen, aber es dürfe nicht gesprengt werden. Auch der Bagger könne nichts verrichten, es müsse handgeschachtet werden, Knochenarbeit.
»Haben Sie irgendwelchen Kontakt mit Leuten von drüben?«
»Nein, gar nicht. Man sieht sie ab und zu, aber ein Kontakt besteht nicht. Keine Gespräche.«
»Und wie ist das, wenn man als Bundesbürger auf dem Boden der DDR steht?«
»Das macht uns nichts aus. Wir gehen rüber, machen unsere Arbeit und gehen wieder zurück.«
Das war im August 1978. Siebzehn Jahre später bietet die Eckertalsperre das Bild eines bunten Treibens, mündet der Weg auf der anderen Seite des Dammes in einen Naturschutzpark, ist die erste Woche unserer diesmaligen Arbeit um.
Der Unterschied zu damals stellt mich automatisch unter einen Vergleichsdruck, der schwer auszuhalten ist, weil die heutigen und die damaligen Empfindungen von einer geradezu polaren Gegensätzlichkeit, ja, unvereinbar sind. Denn nach den ersten sieben Drehtagen war mir etwas völlig Unvorhergesehenes widerfahren.

»Versuch dich davon freizumachen, es wird dir nicht gelingen«

»Deshalb – weg von dieser Grenze, mit ihren Selbstschüssen, ihren Minen, ihren Hunden, weg von dem Zaun, der längst schon in deine Träume hineinspielt«

Im Laufe des Nachmittags hatten wir uns plötzlich konfrontiert gesehen mit einem Beobachtungsturm, der an das Grenzmeldenetz angeschlossen werden sollte. Es gab nichts zu verstecken, die Szene lag unverbergbar vor uns – Mechaniker, Elektriker in Arbeitskluft, ein halbes Dutzend Männer in Zivil, bewacht von schwerbewaffneten Soldaten mit der Maschinenpistole in der Armbeuge.
Auf dieser Seite zahlreiche Besucher, die da hinüberstarrten, leise oder laut sprachen, manchmal auch lachten – Zooeffekt, an dem unsere Kamera mit ihren langen Objektiven hauptbeteiligt war. Obwohl ich

mich schämte wie selten zuvor, suchte ich mir einzureden, daß es um der Sache willen – »GRENZE '78 – Ein deutsches Tagebuch« – notwendig sei. Doch dann geschah etwas, das mich vollends aus der Fassung brachte.
Einer der Männer auf der Spitze des Turmes, in der rechten Hand eine Zange, machte mit der linken eine winzige Bewegung. Er lüftete seine Mütze, blitzschnell, was nichts zu bedeuten brauchte, möglicherweise aber auch als Gruß gedacht war und nicht sein durfte, mit allem, was dahinterstecken konnte, an Beschränkung, Demütigung, Angst.
Da, in diesem Augenblick, eine vegetative Reaktion, sagte ich zu mir selbst: »Du wirst zum erstenmal nicht öffentlich mitteilen können, was dich erschüttert hat, weil es sich formuliert sofort verfälschen und verfär-

»Gib die Sendung zurück, mach einfach Schluß!« Am Ende der ersten Woche hatte ich einen ausgewachsenen Grenzkoller

ben würde, weil man dich für einen sentimentalen Patrioten hielte. Deshalb – weg von dieser Grenze, mit ihren Selbstschüssen, ihren Minen, ihren Hunden, weg von dem Zaun, der längst schon in deine Träume hineinspielt. Weg von der großen Stummheit, die dich erschlägt wie deine eigene Unwissenheit darüber, was die Menschen da drüben denken, die du mitbegaffst, hier und anderswo. Gib die Sendung zurück, mach einfach Schluß!«
Am Ende der ersten Woche hatte ich einen ausgewachsenen Grenzkoller. Und wußte doch, daß ich nicht einfach auskneifen konnte, daß an diesem Streckmetallzaun, dieser Mauer, das eigene persönliche Schicksal klebte wie an einem Übermantel. »Versuch dich davon freizumachen, es wird dir nicht gelingen.«
Und so war es.
Zumal ein gleich darauf folgendes Erlebnis mir nur noch einmal klarmachte, wie gründlich die historische Verantwortung für den Bau des Sperrsystems schon damals aus der gesamtdeutschen Geschichte entlassen worden war.

Heute ist die Mauer auf großen Strecken so verschwunden, daß sie einfach nicht wiederzufinden ist, und das selbst dort, wo sie mir wegen besonders eindrucksvoller Begebenheiten auf der ersten Reise in intensiver Erinnerung geblieben ist.
Wie zum Beispiel im Kurort Hohegeiß, Südharz, gegenüber dem ehemaligen DDR-Ort Benneckenstein.
Damals waren wir dort mit all dem Tschingderassabum eines äußerst ernst genommenen Schützenfestes empfangen worden. Hohegeiß hatte zwölf Monate zuvor, 1977, gerade seine 350. Jahresfeier gehabt, und von dem Stolz darauf schien immer noch etwas mitzuschwingen. In dem ordenklirrenden, von förstergrünen Uniformen dominierten Zug marschierten auch Benneckensteiner mit, die ihren Heimatort verlassen hatten und, wie jedes Jahr anläßlich des Schützenfestes, aus allen Teilen der Bundesrepublik und sogar aus dem Ausland hierher gekommen waren. Es war ein Sonntag, und viele Besucher aus der näheren und ferneren Umgebung waren nach Hohegeiß geeilt, um dem Schauspiel so hart an der Grenze beizuwohnen, die sich nur wenige hundert Meter östlich

höchst sichtbar dahinzog. Vor dieser Szenerie von beklemmender Realität nahm ich die Gelegenheit wahr, einigen Leuten Fragen nach historischen Zusammenhängen zu stellen – zum Beispiel denen zwischen Mauerbau und dem deutschen Überfall auf die Sowjetunion vom 22. Juni 1941, der die Russen schließlich ins Herz Europas geholt und Deutschland geteilt hatte.

Die Reaktion: Unwille, Abwehr, Resistenz – was das mit »dem da drüben« zu tun habe? »Darum braucht man doch keine Mauer zu bauen.«

Auch meine Frage nach dem Stichdatum der nationalen Geschichte, der sogenannten Machtergreifung Hitlers vom 30. Januar 1933, stieß in diesem Zusammenhang auf völliges Unverständnis. »Nein, wieso ist die Mauer damit verbunden? Das sind doch zwei ganz verschiedene Geschichtsabschnitte.«

Ich gab auf.

Dafür weist mein Tonband aus, daß es beim Beklagen eines Zustandes blieb.

»Ich sehe die Mauer heute zum zweitenmal, mit meinen Kindern. Ich kann mir gar nicht vorstellen, was dahinter passiert, daß die Straße aufhört und nicht weitergeht, daß die Leute eingezäunt sind, daß da geschossen wird, ab und zu – das kann ich mir gar nicht vorstellen.«

»Schrecklich finde ich das, entsetzlich, wenn man das so sagen darf. Ich sehe die Mauer heute zum erstenmal.«

Ortsansässige erinnerten sich der Etappen einer im Laufe der Zeit immer offensichtlicheren Vervollkommnung der Mauer. Dabei kam es zu verräterischen Diktionen wie: »Vor zehn Jahren konnten wir uns noch mit den *Landsern* drüben unterhalten, da standen die noch an dem Draht. Aber dann ist die Grenze hundert Meter oder mehr zurückgesetzt und jeder Sprechkontakt unmöglich gemacht worden.«

»Das wird so bleiben. Ich kann mir nicht vorstellen, daß die Mauer fallen wird, niemals.«

»Jedenfalls nicht ohne Krieg, und den – um Gottes willen, nur so was nicht!«

»Damit hätte früher angefangen werden müssen, 1945, mit den Amis gegen die Russen. Heute ist das zu spät.«

Amen!

Jetzt, Mitte der neunziger Jahre, ist die Mauer bei Hohegeiß verschwunden, ist sie weg, als hätte es das Sperrwerk nie gegeben. Seine damaligen Konturen noch deutlich vor meinem inneren Auge, stapfe ich hier auf dem Territorium der ehemaligen DDR herum, suche und finde nichts – mit gemischten Gefühlen. Einerseits ist es gut, daß von dem Mauermonster nur sehr wenig übriggeblieben ist, jedenfalls gemessen an seiner ursprünglichen Dimension. Andererseits scheint es geboten, Teile von ihm zu bewahren, damit sich die Vorstellungskraft künftiger Generationen an ihnen entzünden könnte, und zwar zu dem einzigen Zweck, einem Ungeist zu wehren, der mit der Mauer nicht untergegangen ist. Das will mir bei diesem zweiten Besuch so viele Jahre später die Lehre von Hohegeiß sein.

Es gibt Leute, die sie beherzigen.

»Löse jetzt Alarmvariante B aus«

Einer von ihnen ist Rainer Böhle.

Ihn treffen wir in seiner ureigenen Schöpfung, dem Grenzlandmuseum Bad Sachsa in Tettenborn am äußersten Südzipfel des Harzgebirges.

Der erste Eindruck: ein nahezu vollständiges Panoptikum der DDR! In dem 1991 gegründeten Haus prallt man förmlich zusammen mit ihren Waffen und Uniformen, ihren Fahnen, Orden und Staatstrophäen, nicht zu vergessen charakteristische Dokumente aller Art aus der SED-Hierarchie.

Hier sind Zehntausende von DDR-Unikaten versammelt, einschließlich stählerner Zeugen der Sperranlage, hier gibt es Auskunft über jedes Teilstück der ehemaligen Mauer bis in alle Einzelheiten, sowohl was das Material betrifft als auch die Kosten – 2,3 Millionen Mark der Deutschen Notenbank pro Jahr und Kilometer. Die Grenze war, wie erinnerlich, 1393 Kilometer lang und hat 455 Monate existiert . . .

Ich sehe hinter Glas Gewehre und Maschinenpistolen, ganze Plantagen von »Bestenabzeichen« der Nationalen Volksarmee, einige mit behelmtem Kopf, andere mit aufgepflanztem Bajonett, Ausdruck einer ungeheuren Inflationierung absichtsvoller Belobigungen, mit letztlich nichts als dem Ergebnis ihrer ebenso natürlichen wie vollständigen Entwertung.

Und ich sehe mitten im Hauptraum des Museums das Puppenensemble weiblicher Uniformierter, in ihren neckischen Posen, gespreizten Händen in den Hüften, vielleicht der unheimlichste Anblick in dieser Ausstellung eines unheimlichen Staates. Geradezu schick sehen sie aus, die Damen, mit ihren Käppis, den offenen Revers und einem Anflug von Lächeln. In natura habe ich das, bis auf Ausnahmen, ganz anders in Erinnerung, besonders ein Ereignis, am Grenzkontrollpunkt Marienborn.

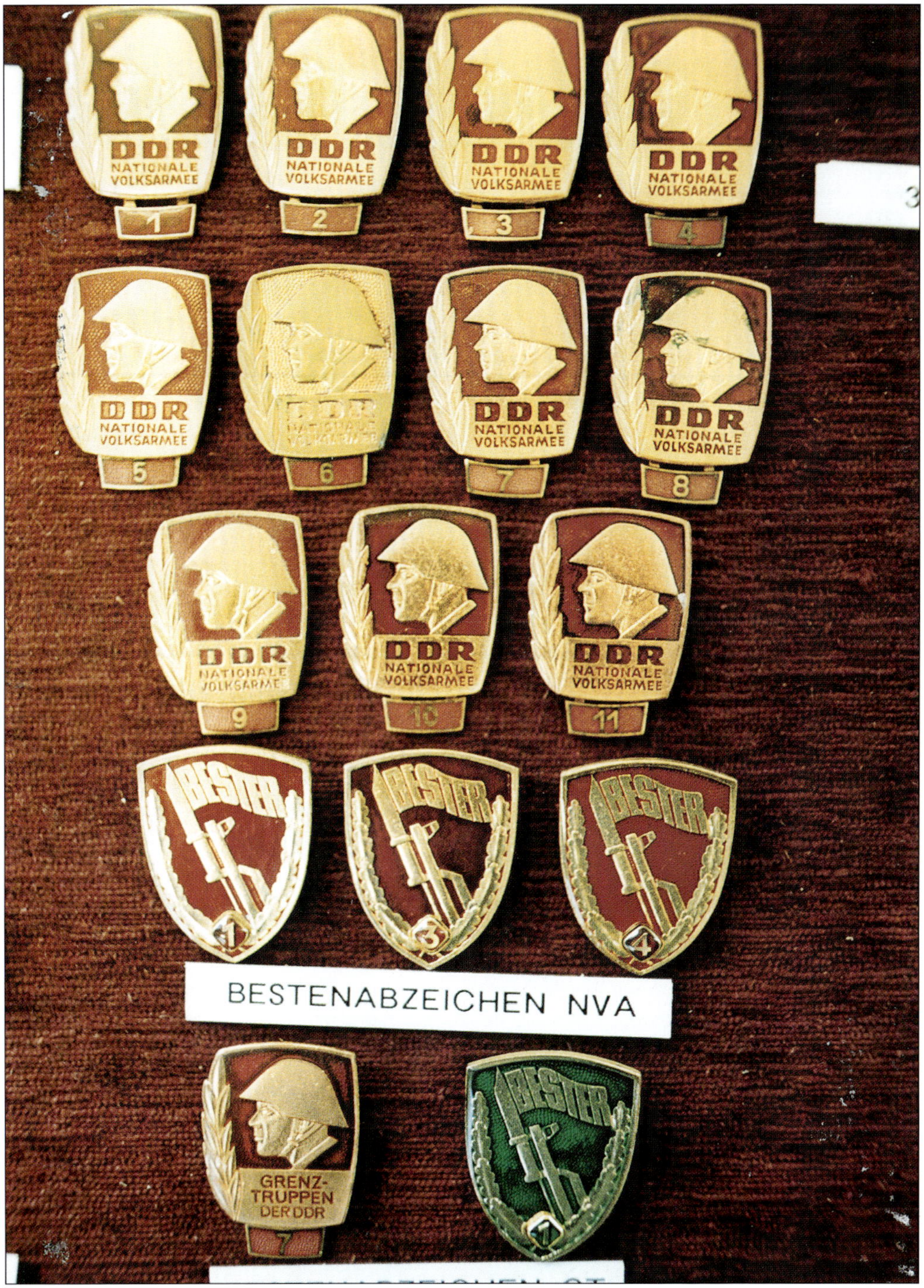

Waffen, Uniformen, Fahnen, Orden, Zehntausende von Unikaten, aber keineswegs nur ein Panoptikum der DDR: Grenzlandmuseum Bad Sachsa in Tettenborn

Ich stand am Ende einer langen Autoschlange, noch vor der ersten Prüfinstanz, als von dort, weit weg, eine Frau eng an der Blechfront entlang näher und näher kam. Sie war groß, jung und schön, steckte in einer grauen Uniform und schaute nicht nach rechts und links, sondern geradeaus, nichts als geradeaus. Es war ein langer Weg, und der Takt ihres Schrittes verlor auf der ganzen Strecke nichts von seinem Rhythmus. Ich sah sie von ihrer ersten Bewegung an und behielt sie im Auge, aber nicht, weil sie jung und schön war, sondern weil sie mir mit jedem Meter als die immer vollkommenere Personifizierung jenes Staatswesens vorkam, dessen Uniform sie trug – diese Frau konnte nicht lächeln. Auf den etwa zweihundert Metern regte sich in ihrem Gesicht keine Fiber, bewegte sich außer dem Lidschlag nichts, war die schöne Ebenmäßigkeit zu einer larvenhaften Maske erstarrt. Es war, als käme kein Wesen aus Fleisch und Blut heran, sondern eine von einem inneren Mechanismus angetriebene Attrappe – die Inkarnation der von oben, vom Staat gewünschten und vollständig verinnerlichten Haltung gegenüber der Welt außerhalb der DDR. Von uniformierten Männern war sie mir auf den Transitfahrten von und nach Berlin im Auto oder im Zug oft vordemonstriert worden, von einer Frau aber hier zum erstenmal. Es war, als hätte mich ein eisiger Hauch gestreift.

Daran kommt mir jetzt, hier im Tettenborner Grenzlandmuseum, beim Anblick des weiblichen Uniformensembles die Erinnerung hoch.
Obwohl jedes Stück originalgetreu ist, kann doch auf den ersten Blick leicht der Eindruck einer »Ausstellung« entstehen – aber schon auf den zweiten nicht mehr. Denn umzingelt von den Wahrzeichen eines an seinen eigenen Lügen und Widersprüchen implodierten Staatswesens, wird hier mehr und mehr sein alles bestimmendes Gesetz sichtbar, ja geradezu fühlbar: der politische Wille der Machthaber, jeden Ausbruch aus dem Käfig DDR unmöglich zu machen!
Es gibt heute wohl niemanden, der über die Perfektionierung des Verhinderungsapparates genauere Auskunft geben kann als der Leiter des Museums, Rainer Böhle. Er illustriert uns das an einem makabren Beispiel – der vollständig nachgestellten Führungszentrale einer Grenzkompanie mit großer Sichtkarte und einer Unzahl von Leuchtpunkten, die

er aufblitzen läßt, wieder löscht und gleichzeitig deren Funktion erklärt: »In solcher Führungsstelle befanden sich Geräte, die genau angezeigt haben, in welchem Zaunfeld eine Berührung stattfand. Jede Kompanie hatte ungefähr eine Länge von zwanzig Kilometern zu bewachen. Das Anzeigegerät ZA 412 zeigte den ganzen Grenzsicherungszaun. Wenn der Führungsoffizier wissen wollte, was an der gesamten Strecke seines Grenzbereichs passierte, drückte er auf einen Knopf, und dann – schauen Sie – leuchteten überall die Sicherungsstellen auf. Wenn er wissen wollte, wo die Tore sind und was dort geschah, konnte er auch die mit einem Knopfdruck einsehen – so. Wenn er wissen wollte, wo sich am Tag hinter dem Grenzsicherungszaunfeld gerade die Posten befanden, dann konnte er auch sehen, wo die waren. Wenn er sie vorne, an der Staatsgrenze zur Bundesrepublik sehen wollte, dann drückte er auf diesen Knopf. Wenn er die gesamte Kompanie alarmieren wollte, dann kostete ihn auch das nichts als einen weiteren Knopfdruck – diesen.«

Es war gespenstisch, wie während Rainer Böhles Report die jeweiligen Punkte aufleuchteten, wieder erloschen, abgelöst von anderen, die blinkten, um einer neuen Kette elektrischer Alarmsignale Platz zu machen – ein haargenau ausgeklügeltes Überwachungssystem, in dessen allgegenwärtiges Mißtrauen gegen jedermann die eigene Truppe, die »Grenzorgane«, ganz selbstverständlich eingeschlossen war.

Inmitten der zahlreichen Dokumente des Museums finde ich unter Glas eine »Erklärung«, abgegeben vor der 27. Großen Strafkammer des Landgerichts Berlin in den Verfahren gegen hohe DDR-Militärs und verfaßt von einem von ihnen, Generaloberst Klaus-Dieter Baumgarten, ehemals Chef der Grenztruppen.

Ich lese und staune, denn das Schreiben entpuppt sich als ein klassisches Dokument deutscher Verdrängung, diesmal mit den Vorzeichen von Hammer und Zirkel.

Darin wird die Mauer zu einer »Schutzmaßnahme gegen bewaffnete Kräfte aus dem Westen« umgelogen, ihren Erbauern und Hütern »hohe Achtung vor dem Leben« bescheinigt und – der Schießbefehl geleugnet. Gleichzeitig aber rechtfertigt Baumgarten ihn mit den Worten: Der Gebrauch der Schußwaffe gegen »Grenzverletzer« sei als »letztes Mittel gesetzlich gewesen«. Nicht genug damit, fügt er an: »Jeder Tote ist

zuviel«, um der Selbstentschuldungsepistel mit dem Nachsatz – »Niemand hat das Recht, von der Position des Siegers aus zu urteilen« – dann auch noch die Krone der Unbelehrbarkeit aufzusetzen.
Ich fühle mich nach dieser Lektüre dazu aufgerufen, einer bestimmten Frage nachzusinnen, nämlich: Welche Position wohl der Herr Generaloberst eingenommen hätte, wenn der »Sieger« nicht der demokratische Verfassungsstaat, die Bundesrepublik Deutschland, gewesen wäre, sondern nach einer realsozialistischen Wende die Grenztruppen des Stellvertretenden Ministers für nationale Verteidigung Klaus-Dieter Baumgarten für Stasi-Deutschland die Wacht am Rhein gehalten hätten?
Noch unerträglicher wird die Eigenexkulpierung des Hochtäters Baumgarten durch ein Unikat des Tettenborner Grenzmuseums, das einem das Blut in den Adern gefrieren läßt: den authentischen Ton von der Festnahme eines Flüchtlings hier ganz in der Nähe. Hier der wörtliche Text:
»21 Uhr 45. Auslösung GSZ-Feld 69. Vermutlich versuchter Grenzdurchbruch DDR/BRD. Eine Person. A-Gruppe ist bereits eingesetzt, Postenpunkt 52, 53, 54. Durchbruchsstelle GSZ-Feld wird gesichert.«
»Habe verstanden, löse jetzt Alarmvariante B aus.«
(Pause)
»Hier Kompaniechef – haben wir schon Ergebnisse?«
»Noch nicht. KS müßte gleich durch sein, melde mich dann sofort.«
»Ist gut.«
»Hier – habe den Kerl festgenommen, am Postenpunkt 49. Hat sich . . . kam genau auf uns zu. Wir haben ihn.«
»Verbleiben Sie am Postenpunkt 49.«
(Anruf): »Hier Kompaniechef – was gibt's?«
»Festnahme einer männlichen Person am Postenpunkt 49 durch Gefreiten Mehlhorn und Soldat Schulz ohne Anwendung der Schußwaffe. Der Grenzverletzer hat sich selbst gestellt.«
»Gratuliere. Abbruch der Variante B.«

Im Falle des DDR-Flüchtlings Heinz-Josef Große war von der Schußwaffe Gebrauch gemacht worden. Vierunddreißigjährig, starb er am 29. März 1982 bei dem Versuch, die Grenze nördlich von Bad Sooden-Allendorf zu überwinden. Dem zwanzigjährigen Grenzsoldaten, der ihn erschossen hatte, hätten wegen »Beihilfe zur Republikflucht« bis zu zwölf Jahre Haft gedroht, wenn er vorbeigezielt hätte.

Heinz-Josef Große aus dem Nachbarort Thalwenden war selbst Grenzsoldat gewesen. An jenem Frühlingstag war er mit einem Traktor an den Hauptzaun beordert worden, um Kabelgräben auszuheben. Als sich das Wachkommando einmal etwas entfernt hatte, fuhr Große dicht an das Metallgitter heran, stellte die Baggerschaufel auf den höchsten Stand, kletterte in sie hinein und überwand so die damals noch mit Selbstschußanlagen versehene vorderste Sperre. Als er den gegenüberliegenden, noch auf DDR-Gebiet befindlichen Hang hinauflief, wurde der Flucht-

Unterhalb dieses Gedenkplatzes für Heinz-Josef Große auf niedersächsischem Gebiet nördlich von Bad Sooden-Allendorf wurde der 34jährige bei einem Fluchtversuch von DDR-Grenzern erschossen

versuch von den Grenzsoldaten bemerkt. Zwei von ihnen feuerten zunächst je einen Schuß ab, ehe sie den Flüchtenden mit neun Schüssen aus ihren Maschinenpistolen förmlich zersiebten – wenige Meter bevor er bundesdeutsches Gebiet erreicht hätte.

Wir suchen die Stelle auf, wo die Tötung geschah, finden dort im Tal aber keine Spur mehr von der Mauer. Wohl aber oben auf dem Hang eine Gedenktafel mit dem Bild Heinz-Josef Großes – ein Mann mit dunklem Haar und ausdrucksvollen Augen in einem klaren Gesicht. Neben dem Geburts- und dem Todesdatum, 11. 10. 47 und 29. 3. 82, die Traueranzeige, wie sie damals unter völliger Verschweigung der wahren Zusammenhänge von den Angehörigen in der DDR aufgegeben werden mußte: »Plötzlich und unerwartet von uns, doch unfaßbar, verstarb mein lieber Sohn, unser guter Bruder, Schwager, Onkel, Pate, Neffe und Cousin. In tiefem Schmerz nehmen Abschied, Ella Große, geb. Ringleb . . .« Es folgen weitere Namen. Heinz-Josef Große war einer von fast tausend Mauertoten – nach neueren Erkenntnissen eine weit höhere als die bisher angenommene Zahl. Der Traktor mit der Baggerschaufel hatte ihm die seltene Möglichkeit geboten, das tödliche System der Selbstschußanlagen zu überwinden.

Turm bei Teistungen, südlich von Tettenborn

Von solchen Beobachtungstürmen und Führungsstellen aus Beton gab es 857 an der 1393 Kilometer langen innerdeutschen Grenze zwischen der Ostsee im Norden und dem »Dreiländereck« im Süden

Etwa 800 von ihnen sind entweder vollständig geschleift oder gänzlich ausgeschlachtet worden. Der Rest wurde privat erworben und zum Teil auch unternehmerisch genutzt, wie dieser gerade im Umbau befindliche Turm an der Bundesstraße 105 bei Dassow

Aber selbst von den übriggebliebenen Türmen und anderen Grenz- und Mauerrelikten ist nicht sicher, ob sie auf die Dauer als Mahnzeichen erhalten bleiben

Wir hatten es damals, 1978, noch sehen können, bei Wahlhausen, DDR-Bezirk Erfurt, gegenüber dem hessischen Bad Sooden-Allendorf. Dank günstiger Topographie ergab sich dort die Gelegenheit, vom Bundesgebiet aus der Mauer sozusagen von hinten in den Rücken zu schauen und dabei Einsicht zu nehmen in das Selbstschußsystem der SM 70. Die erdverkabelten, in Waden-, Bauch- und Kopfhöhe angebrachten und mit 120 Gramm Sprengstoff geladenen Splitterminen verschossen bei Berührung der Drähte etwa hundert scharfkantige Metallwürfel parallel zum Zaun. Da die Farbe der Minen hell, der Zaun aber dunkel war, sah das Streckgitter wie ein gespickter Hasenrücken von gigantischer Größe aus. Ein Anblick, wie er sich grauenhafter nicht denken ließ und der unauslöschlich in mir haftenblieb, auch als später die SM 70 durch Bodenminen ersetzt wurden.
Die waren zwar noch wirksamer und kamen nur deshalb, nicht aus Gründen einer »humaneren« Grenze zum Einsatz. Aber dennoch bleibt das über viele Jahre an der Mauer angebrachte System der Selbstschußanlage die scheußlichste und tückischste Ausgeburt einer kranken Einkerkerungsphantasie.

Alarm! Ein Vogel? Wild? Ein Mensch?

Jetzt bin ich, nächste Etappe, auf der Suche nach dem Ort, wo das SFB-Team und ich damals eine bange Stunde lang fürchten mußten, zu unfreiwilligen Zeugen einer SM-70-Detonation samt den etwaigen Folgen ihrer entsetzlichen Wirkung zu werden – am Abend des 13. August 1978, einem Sonntag, vor einer Ortschaft im Friedathal, Thüringen.
Sie lag so unmittelbar an der Grenze zur Bundesrepublik, daß kein Platz blieb für das übliche Sperrgebiet zwischen Haupt- und Schutzzaun. Die westlichsten Häuser stießen direkt an die Mauer, die hier natürlich besonders schwer bewacht war, am Tag und erst recht in der Nacht: mit sogenannten Lichtsperren, Großscheinwerfern, die bei Einbruch der Dunkelheit in Aktion traten. Das wollten wir filmen.
Um einen Eindruck von der Ortschaft zu geben, hatten wir die Szenerie schon tagsüber aufgenommen und waren dann abends dorthin zurückgekehrt.
Aber die Scheinwerfer blieben ausgeschaltet, vielleicht, damit wird das entlarvende Schauspiel nicht filmen sollten.
Von drüben, aus der Finsternis, hörten wir Geräusche, wie sie entstehen, wenn sich Menschen bemühen, keinen Lärm zu machen. Wir waren solche Begleitung gewohnt, wie auch ständig fotografiert und gefilmt zu werden, wo immer wir an der Grenze aufgetaucht waren.
In unserem SFB-Team kursierte damals der Scherz, daß wir eigentlich ein schlechtes Gewissen gegenüber der DDR-Bevölkerung haben müßten, da unsere Arbeit ganz erheblich zur Vermehrung der Mauerkosten beitragen müßte: durch Belichtung, Entwicklung und Auswertung so vieler Hunderter, ja Tausender von Foto- und Filmaufnahmen.
Nun regnete es, war zwei Stunden vor Mitternacht und der gewünschte Effekt mit den Scheinwerfern auch ausgeblieben. Deshalb plädierte ich dafür, die Dreharbeit abzubrechen und unser Quartier aufzusuchen. Aber Dieter Hoffmann behielt die Kamera auf der Schulter, er wollte blei-

ben und meinte, vielleicht gingen die Lichter ja doch noch an. Es war, als hätte er einen sechsten Sinn für Kommendes gehabt.
Denn plötzlich wurden die optischen und akustischen Warn- und Lichtsignale am hinteren, dem sogenannten Schutzzaun ausgelöst – was nur durch Berührung der Alarmdrähte erfolgen konnte.
Ein Vogel? Wild? Oder – ein Mensch?
Wir erstarrten, während sich das dröhnende Geräusch da drüben fortsetzte und ein rotweißes Licht nach Art von Leuchtfeuern rotierte, nur schneller.
Zunächst hörten wir Knattergeräusche, dann trafen zwei Grenzsoldaten mit schwachem Licht auf Motorrädern ein, die sie abstellten, bevor sie sich auf die Warnanlage zu bewegten. Die ging bald aus, aber die beiden blieben verschwunden und kehrten nicht zu ihren Motorrädern zurück. Kein Zweifel, sie legten sich an Ort und Stelle auf die Lauer.
Dann tauchte ein Spezialwagen auf und begann eine sorgfältige Suchaktion: Meter um Meter tasteten seine Scheinwerfer den Boden ab, huschten über die Erde, stetig und systematisch, ohne auch nur eine Handbreit auszulassen.
Die Kamera lief.
Ich stand daneben, gelähmt von der entsetzlichen Erwartung, im nächsten Moment würde ein Mensch aufspringen, flüchten und angeschossen, erschossen oder von der SM 70 zerfetzt werden, während wir hier, vom sicheren Port aus, zu Zeugen, wenn auch unfreiwilligen, des potentiellen Dramas werden könnten.
Im Laufe des Tages hatte ich die Nachricht erhalten, daß in der vergangenen Nacht zum 13. August nach den Detonationen von zwei SM 70 an der Grenze bei Feldheim, Kreis Wolfenbüttel, Wagen mit Suchscheinwerfern den Umkreis des Sprengortes abgeleuchtet hatten. Ein Augenzeuge aus der Bundesrepublik hatte angegeben, daß zwei DDR-Grenzsoldaten eine Person in einem Trainingsanzug mit hellen Streifen aufgehoben und weggebracht hätten.
Nun suchte hier vor unseren Augen und dem der Kamera ein anderer, eigens und ausschließlich für diesen Zweck erbauter Spezialwagen das Terrain vor der thüringischen Ortschaft im Friedathal ab.
Was war richtig? Weiterzudrehen und im Falle eines Falles die schauerli-

che Wirklichkeit dieser schauerlichen Mauer zu zeigen und damit unweigerlich, gewollt oder nicht gewollt, zu Voyeurs geworden zu sein? Oder abzubrechen, das Zeugnis zu verweigern und damit genau das getan zu haben, was die Schöpfer dieser Todesmauer wollten: nämlich ihre Schandtaten möglichst von Nacht und Nebel bedeckt zu halten?
Je länger die Fahndung nahe über dem Erdboden dauerte, desto ruhiger wurde ich, aber jede Minute hatte doppelt und dreifach gezählt.
Bevor die Aktion nach etwa einer Stunde ergebnislos abgebrochen wurde, flammten die Scheinwerfer des Suchwagens noch einmal auf, richteten ihre grellen Lichtbündel voll gegen uns und schälten uns mit ihrem Licht förmlich aus der Nacht heraus.
Und erst da schoß mir der Gedanke durch den Kopf, daß die da drüben uns auch für Konspirateure gehalten haben könnten und nicht an einen Zufall glaubten, daß gefilmt und bald darauf die Alarmanlage ausgelöst worden war.
Ich glaube, geschlafen hat keiner von uns in jener Augustnacht, auf den Tag genau siebzehn Jahre nach dem Bau der Mauer. Aber nun, diesmal, die gleiche Zeitspanne später, finde ich hier nichts mehr von der Sperranlage, ist kein Zipfelchen von der Mauer übriggeblieben.
Doch wie kann das jemand empfinden, der solche und andere Vergleichsmöglichkeiten nicht hat?

Zum Beispiel jene, die wir damals am DDR-Grenzkontrollpunkt Wartha gegenüber Herleshausen gemacht hatten, wichtiger Durchlaß für den Ostblock und den Güterverkehr.
Nach fast zwei Wochen Drehreise an unserem damaligen Grenzabschnitt entlang war es die erste Öffnung von und nach drüben gewesen, wir hatten fast schon vergessen, wie so etwas aussah. Es war wie ein großes Aufatmen – der Zaun hatte doch Löcher, und nicht nur hier. Zwar immer noch im wesentlichen Einbahnstraße von West nach Ost im Personen- und Reiseverkehr, war die Mauer durch Berlinabkommen und Grundlagenvertrag immerhin so durchlöchert worden, daß Millionen Kontakte geknüpft werden konnten.
Doch gerade hier, wo wir an einer Sperrschneise in die Bundesrepublik hinein ganz an den Zaun herantreten konnten, offenbarte sich etwas

Verblüffendes, ja, in seiner Unverdeckbarkeit fast schon wieder Erschütterndes.
Das große Sperrsystem, der »antifaschistische Schutzwall«, wie es damals offiziell genannt wurde, konnte an seinem Frontzaun nur von der West-, sozusagen von der Feindseite gelöst oder befestigt werden! Nicht *eines* seiner Einzelteile, nicht *eine* Schraube, nicht *eine* Mutter war von Osten her zugänglich. Von dort wurden die »Einbrecher« erwartet, die in Wahrheit also Ausbrecher waren – gegen sie, und nur gegen sie, richtete sich die geradezu verwissenschaftlichte Methodik zur Verhinderung von Einzel- und Massenflucht aus dem Arbeiter-und-Bauern-Staat an seiner neuralgischsten Linie – der Grenze seines Machtbereichs.
Wie kann die Erkenntnis solcher Systementblößung nachempfunden werden von jemandem, der sie nicht mehr vorfindet?

Die Grenze durchs Haus – und Point Alpha …

Nächste Station: das hessische Philippsthal, Landkreis Hersfeld-Rotenburg, gegenüber dem thüringischen Vacha, Kreis Suhl.
Ich stehe am Rande der Ortschaft, in meinem Rücken ein Haus, von dessen einzigartiger Geschichte noch die Rede sein wird.
Vor mir, Teil der alten Reichsstraße 84 von Frankfurt am Main nach Leipzig, die Brücke über die Werra, die Philippsthal und Vacha miteinander

Mauerreste am Rand des thüringischen Vacha gegenüber Philippsthal. Ein Passant: »Haben Sie geglaubt, daß das mal bunt besprüht werden könnte?«

verbindet und über deren Bögen Napoleon im Jahre 1813 unter Zurücklassung seines goldenen Eßbestecks nach Westen geflohen sein soll, als der Feind ihn beim Speisen überraschte.
Hier verlief die Grenze.
An der Brücke und ihrem vom Sandstrahl hervorgezauberten warmen Rot wird restauriert, repariert und renoviert, verrottet, wie sie bis zur Wende war. Zwar ist sie immer noch unbefahrbar für den öffentlichen Verkehr, dennoch kann ich, vorbei an Mischmaschinen und Walzen, gefährlichen Vertiefungen und hohen Sandhaufen, zu Fuß von Philippsthal nach Vacha gehen – und will auch das nicht glauben!
Zu genau erinnere ich mich, wie es gerade an dieser Stelle 1978 aussah. Da hatte sich nicht bloß ein Zaun hingezogen, da hatte sich eine Mauer aufgereckt, besonders hoch und besonders unüberwindlich. Dazu entdeckten wir unter den Brückenbögen ein weiteres Sperrelement für grenznahe DDR-Ortschaften, das unsere Kenntnisse über die Abschottung um eine Variante bereichert hatte: ein engmaschiges Stahlgitter über die ganze Strombreite der Werra und bis auf ihren Grund – absolut unpassierbar für Boote, Schwimmer, Taucher. Wir konnten am hessischen Ufer ziemlich nahe herankommen und das metallene Wehr gut filmen.
Drüben, trotz Sonnenschein wie von trister Farbe übergossen, Vacha – ferner als Honolulu, und hinter der Mauer von Streckzäunen und Stacheldraht noch einmal extra eingepfercht. Am irritierendsten aber war ein lokales Kuriosum gewesen, nämlich ein Haus, das heute in einheitlichem Weiß erstrahlt, damals jedoch deutlich von unterschiedlichem Aussehen war: der westliche, größere Teil hell, der östliche von einem mürben Grau und deutlich vernachlässigt.
Die Erklärung: Durch das Gebäude, eine Druckerei mit bundesdeutschem Besitzer, verlief die alte hessisch-thüringische Grenze, also ab 1945 auch die zwischen der sowjetischen und der amerikanischen Besatzungszone, nach 1949 dann die Staatsgrenze zwischen der Bundesrepublik und der DDR. Zunächst noch eher belächelt als ein lokaler Sonderfall der deutschen Spaltung, bestand bald nach Errichtung der ersten Grenzsperren die Gefahr, daß die DDR das ganze Haus beanspruchen würde, weil sich die Haustür im östlichen Teil befand. Deshalb hatten die Besitzer in der Silvesternacht 1952 den im Anbau gelegenen Eingang zugemauert.

Nach bangen Jahren der Ungewißheit und immer in Erwartung bürokratischer oder gar militärischer Willkür war es dann der Arbeit der deutsch-deutschen Grenzkommission gelungen, im Jahre 1976 Klarheit über den Verlauf der Grundstückslinien zu schaffen. Worauf der östliche Gebäudeteil als hessisches Gebiet wieder in die Obhut der Hauseigentümer zurückgeführt wurde – was beinahe dreißig Jahre gedauert hatte.
Jetzt, wieder fast zwanzig Jahre später, erlauben mir die Leiterinnen des Familienbesitzes, zwei sympathische Damen von respektierter Publicityscheu, durch das Gebäude, das »andere Haus an der Grenze«, zu gehen, die alte Druckerei zu besichtigen, aus dem Fenster nach draußen zu schauen – und das Bild da vorn, das geöffnete Vacha von heute, einfach nur zu bestaunen.
Ebenso ergeht es mir vor den Mauerresten auf thüringischem Boden, über die Werra, am Rande von Vacha. Geweißte Flächen auf der Innen-, der Ostseite, über und über bemalt, großzügige Figuren, unentschlüsselbar und beeindruckend, Farbpaletten mit vorherrschendem Blau und Rot, verschlungene, lebendige Figuren, malerischer Ausdruck von Optimismus, von Lebensfreude, von Freiheit – und von der Niederlage des Systems, das die Mauer schuf. Das sind die Fusionen, aus denen heraus ich mich daran nicht satt sehen kann.
Mag sein, daß dieser Effekt so völlig unverbraucht ist, weil ich den Grenzstatus quo ante, das Sperrsystem von damals, in so intensiver Erinnerung habe; weil sich in mir, wie ich nun immer wieder entdecke, so viele Einzelheiten ungetrübt erhalten haben und dadurch der volle als Glück empfundene Gegensatz zwischen damaliger Bedrückung und heutiger Erleichterung zustande kommt.
Immer wieder aber auch wird auf dieser Reise die so vollständig veränderte Gegenwart von den Schatten der Vergangenheit eingeholt, überholt, vermag der sichtbare Wandel den unsichtbaren Druck von gestern nicht zu bannen.
So am Point Alpha, an der ehemaligen Grenze bei Geisa, Thüringen.
Das ist ein etwa fünfzehn Meter hoher, total verlassener stelzbeiniger Turm, mit Außentreppen, die in der oberen Hälfte zu einer verglasten Kabine führen und dann weiter auf einen überdachten Podest, der einen unbeschränkten Blick zuläßt in die weite Vorrhön und auf einen nahen

Gegenüber dem thüringischen Ort Geisa: Point Alpha – einst vorgeschobenster US-Horchposten nach Osten auf deutschem Boden

Beobachtungsturm, der hinter einem erhalten gebliebenen Streckmetallzaun wie ein Saurier aus der Vorzeit hochsticht.
An ihm gemessen eher zierlich, war das Stelzbein nicht etwa ein gleichgeartetes Gegenstück, sondern eine Singularität, der östlichste Punkt des amerikanischen Abhorchsystems auf deutschem Boden nach Osten – Point Alpha.
Oben auf dem Podest zieht es mächtig, trotz des heißen Tages pfeift der Wind einem kalt um die Ohren. Obschon inzwischen die Natur auch hier wild gewuchert hat, sind da unten ausgediente Elemente des Grenzsystems noch deutlich zu erkennen, allen voran der Kolonnenweg, der sich auf und ab schlängelt und nach beiden Seiten hin irgendwo in der Landschaft verläuft.
Einige Kilometer entfernt, von hier eine Ansammlung roter Dächer, liegt Geisa, wie damals, als sich hier vorn, unmittelbar am Zaun vor dem US-Horchposten, im Abstand von wenigen hundert Metern und kurz hinter-

In der Nähe des Point Alpha gegenüberliegenden Wachtturms, direkt am Metallzaun, scheiterten die beiden geschilderten Fluchtversuche, von denen einer tödlich ausging

einander, die tragischen Schicksale zweier »Grenzverletzer« vollzogen, ohne daß von Westen her geholfen werden konnte.

Im ersten Fall hatte ein junger Mann unbemerkt hier vorn den Hauptzaun erreichen können. Als er einen schweren Anker auf die andere Seite warf, um sich daran hinüberzuhangeln, hatte er vergessen, das Seil in der Hand zu behalten. Er wurde entdeckt und abgeführt.

Der zweite Fall endete tödlich.

Auch diesmal war, etwas näher an dem Beobachtungsturm da drüben und bei Nacht, ein Mann unbemerkt bis an die vorderste Linie gelangt, hatte aber im letzten Moment Leuchtspurmunition ausgelöst. Als die Grenzer heraneilten, nahm er ein schweres Pflanzengift ein, an dem er einige Stunden später in Gewahrsam der Grenztruppen starb.

Zunächst, so kam heraus, war vermutet worden, er sei durch giftige Nahrung umgekommen, ehe die wahre Ursache seines Todes erkannt worden war.

So wird es uns berichtet von einem Einheimischen mit Kenntnissen der lokalen Grenzgeschichte auf dem zugigen Podest von Point Alpha, ausrangiertes Relikt des Kalten Krieges, ein frostiger Ort auch dann, wenn hier oben kein Wind geweht, sondern die Sonne prall an diesem Mittag herabgeschienen hätte.

»Nein, wir bleiben hier!«

Wieder auf dem Lörnhof im Nüsttal, östlich von Fulda, fast auf den Tag siebzehn Jahre nach dem ersten Besuch im August 1978. Als ich die Besitzer, das Ehepaar Faulstich, wiedersehe, bin ich erschüttert über das Aussehen des Mannes – ein gebeugter, an einem Stock gehender und zusätzlich von seiner Frau geführter Greis.
Dabei sehe ich den Oskar Faulstich von damals noch vor mir, voller Energie und sprühend vor Zorn, als wir hier eintrafen: Der direkt an der Grenze liegende Ferienhof mit dem »Gütezeichen 1977« war nach Anbringung der Selbstschußanlage in seiner Existenz schwer gefährdet – so hatten wir gehört. Eine der Trichtermündungen an dem nahen, im Winkel von neunzig Grad scharf abknickenden Metallgitterzaun war direkt auf den Gebäudekomplex gerichtet gewesen und erst nach längerem Protest justiert worden. Dennoch war zwei Tage zuvor früh morgens eine SM 70 detoniert, um halb vier Uhr früh, und hatte die Gäste auf das äußerste erschreckt. Es hatte die ersten Abreisen gegeben. Oskar Faulstich und seine Frau fühlten sich damals am Ende. Unvergessene Erinnerung: Unmittelbar nachdem wir auf dem Lörnhof eingetroffen waren, preschte oben auf dem Kolonnenweg hinter dem selbstschußgespickten Hauptzaun in bedrohlicher Nähe ein Militärfahrzeug entlang, aus dem herab ein Grenzer die unflätigsten Ausdrücke ausspie.
Beide Faulstichs, im Nüsttal geboren, auf dem Lörnhof verwurzelt, aber nun schwer verunsichert, schienen damals fest entschlossen, die Konsequenzen aus der gefährlichen Nachbarschaft zu ziehen und sich nach einer anderen Existenz umzusehen.
»Wenn das nicht wegkommt«, hatte Oskar Faulstich gesagt und auf den Zaun gezeigt, »dann gehe ich weg.« Dabei hatte er mit den Achseln gezuckt, eine Geste tiefer Resignation, war auf die Grenze zugegangen

und hatte uns die Stelle gezeigt, von der die SM 70 in Richtung Lörnhof abgeprotzt hatte. Dabei sagte er: »Es genügt ja, daß ein Vogel dagegen fliegt oder meinetwegen auch eine Mücke, so hochsensibel, wie die Knallkörper sind.«
Und wie hatte es mit dem Ferienbetrieb ausgesehen?
Er: »Das geht zu Ende, das ist ja lebensgefährlich hier. Mein Enkelkind und meine Tochter wohnen auch noch hier, wollen aber ebenfalls ausziehen.«
»Obwohl die Schußrichtung verändert worden ist, fühlen Sie sich bedroht?«
Sie: »Ob die verändert worden ist oder nicht – ich bleibe nicht hier, und wenn ich auf die Straße gehe. Heute sagen unsere Gäste: Wir leben ja hier an der Front.«
Er: »Als das Ding losging, hat es geknallt wie eine Sprengung im Steinbruch.«

Schaden genommen an der Nähe der Grenze – Ehepaar Faulstich, Besitzer des Ferienplatzes Lörnhof im Nüsttal: »Es war wie an der Front«

»Aber wir wollten den Lörnhof dann doch nicht im Stich lassen« – Frau Faulstich im Gespräch mit dem Autor

Dann: »Ich habe 350 000 Mark in den Lörnhof investiert – Wasser, Heißwasser, Heizung, eine neue Scheune, Maschinen. Und jetzt muß ich darum kämpfen, wie ich das wieder herauskriege.«
GRENZE '78 – Ein deutsches Tagebuch . . .

Nun bin ich wieder hier, stehe auf dem Lörnhof und vor den beiden Faulstichs, die den Film damals gesehen haben, und bin so gerührt wie sie wahrscheinlich auch.
»Sie wollten damals weg, wollten auf keinen Fall hierbleiben, und sind also doch geblieben – warum?«
Er sitzt da, hält die Hand ans Ohr, zittert mit dem Kopf, versucht zu sprechen, kriegt aber keinen Laut heraus.
»Er hat 1989 einen Schlaganfall erlitten«, sagt seine Frau, bevor sie auf meine Frage antwortet: »Ja, warum? Was sollten wir machen, wir hatten einfach schon zuviel investiert, hatten einen Bauplatz dazugekauft, es war alles zu weit fertig. Deshalb haben wir gesagt: Nein, wir bleiben hier!«
Offenbar macht es Oskar Faulstich Mühe, dem Gespräch zu folgen, deshalb gibt seine Frau mir einen Wink, und wir setzen uns neben der Veranda auf eine Bank an der Seite des Wohnhauses.

»Sind damals noch mehr Selbstschüsse losgegangen?«
»Öfter, ja. Die Grenze hat uns auch weiter Schwierigkeiten gemacht, sie hat uns sehr geschadet. Die Gäste haben gesagt, hier sei alles schön, aber die Kinder sollten die Mauer nicht sehen. Manchmal hab' ich auch geschwindelt, als nachts wieder so ein Schlag gewesen war. Morgens hatte eine Frau gefragt: ›Haben Sie das gehört? Das kam doch von drüben!‹ Da hab' ich ihr geantwortet: ›Nein, das war ein Gast, der hatte schwer getrunken und ist aus dem Bett gefallen.‹ Das hat die Frau wohl nicht ganz geglaubt, sich schließlich aber doch beruhigt. Aber die Angst war da, und obwohl ein paar treue Seelen immer wiederkamen, hatten wir immer weniger Gäste. Drüben haben sie noch ein ganzes Stück Wald abgeholzt und den Kolonnenweg ausgebaut, Tag und Nacht. Die Grenze hat uns sehr geschadet. Doch war hier unser Zuhause, und das wollten wir dann doch nicht im Stich lassen.«
»Und was geschah dann, als die Grenze aufgehoben wurde?«
»Was da geschah? Die sind zuerst noch weiter Streife gelaufen, als sei nichts geschehen. Die Vopos saßen auch nach dem 9. November noch länger in ihren Löchern, haben immer noch versucht, Leute zu schnappen und ihnen die zehn Mark Strafe abzunehmen, obwohl schon alles auf war. Die wollten den Kampf nicht aufgeben.«
»Jetzt ist die Grenze weg. Haben Sie das erwartet?«
»Erwartet? Gehofft habe ich, daß es so kommen würde. Ich habe gedacht, wir sind doch *ein* Land, und wenn das noch länger gedauert hätte und vielleicht sogar noch Krieg gekommen wäre, dann wären wir hier ja besonders schlecht dran gewesen.«
»Und wann sind Sie das erste Mal dahinten über die Grenze gegangen?«
»Wann?« Sie denkt nach, überlegt. »Jedenfalls nicht gleich, nicht sofort, da hatte sich zuviel aufgestaut, Angst und Schrecken. Das hat gedauert, bis Neujahr '90, da bin ich rübergegangen, an einem Sonntagmittag. Es war eine persönliche Einladung, die nicht ausgeschlagen werden konnte, aber ich bin allein gegangen, mein Mann kam nicht mit. Er war noch nie drüben. Sie haben ja gemerkt, er ist – durcheinander.«
Wieder auf dem Lörnhof . . .
Es herrscht eine fast greifbare Stille, eine Ruhe wie stehend, nichts mehr von Gefahr, und weg die unheimliche Nachbarschaft.

Und dann kommen auch hier wieder Bilder, die sich bis an mein Ende, und mag es noch so fern sein, erhalten werden – das alte Ehepaar Faulstich, Oskar und seine Frau vor der geöffneten Hinterklappe unseres Reisekombis, darin ein Monitor und auf dem Bildschirm die Passage über den Lörnhof aus der Sendung von 1978, deren Kassette wir extra für diesen Zweck mitgenommen haben.
Da stehen die beiden nun – er, obwohl es warm ist, in einer blauen ärmellangen Wolljacke, den Stock in der Rechten, stumm und verwundert dem Film folgend; sie mit einem kleinen Lächeln, ihren Arm stützend unter seinem, in einem blauen Kleid und einem weißen Kittel. So schauen sie zu, sehen sich wieder, nach so langer Zeit, und verharren bis zum letzten Bild.
Dann drehen sie sich langsam um, gehen Schritt für Schritt zum Haus zurück und verschwinden hinter der Ecke.
Wieder ist es August, wie damals, als wir hier, einem Gerücht folgend, zum erstenmal aufgetaucht waren, aber die Grenze Hessen-Thüringen inzwischen ohne jede Dramatik. Dennoch hat sich der Lörnhof von ihr immer noch nicht erholt. Jetzt, im Hochsommer, beherbergt er gerade mal einen einzigen Gast.
»Ferien auf dem Lörnhof – ein deutsches Schicksal«, so hatte damals die letzte Textzeile unter dem letzten Bild der beiden Faulstichs gelautet. Sie trifft auch jetzt zu, immer noch.

Der Lörnhof war damals übrigens unsere letzte Etappe für die Sendung »GRENZE '78 – Ein deutsches Tagebuch« gewesen. Dort war die ursprünglich auf drei Wochen angesetzte Reise abgebrochen worden – nach vierzehn Drehtagen. An jenem Augustmorgen war das Team zu mir gekommen und hatte erklärt, eine weitere Woche an der Grenze nicht mehr durchstehen zu können. Von den bisherigen Erlebnissen sei darauf zu schließen, daß das Sperrsystem weitere Belastungen parat hielte, die nicht mehr zu ertragen seien.
Und so geschah es.

»Wir brauchten uns um viele Sachen keinen Kopf zu machen«

Von der kleinen Brücke über die Saale, hier bei Hirschberg Nahtstelle zwischen Thüringen und Bayern, sieht die alte Lederfabrik aus wie ein zernarbtes Urweltungetüm.

Aus dem einst größten Sohlenherstellungsbetrieb Deutschlands ist eine Ruine geworden, ein ausgeschlachtetes, fensterloses, von den Resten der hier drei Meter hohen Mauer noch zusätzlich verunziertes Steinensemble von traurigstem Grau, Tarnfarbe aus dem Zweiten Weltkrieg. Eine lächerliche, nein, eher tragikomische Ausnahme: Eine dem Westen zugewandte Front war weiß gestrichen worden, Aushängeschild zur Bundesrepublik hin! Als wäre von dort die übrige Misere nicht deutlich sichtbar gewesen . . . Nicht anders sieht es innerhalb des riesigen Fabrikkörpers aus: rostige Rohre, Gitter, Treppen, verrottete Maschinen, stehendes Wasser, verschmutzte Wände.

Dazu die menschliche Tragödie: Zur Zeit der Wende waren hier 900 Arbeiter und Angestellte beschäftigt gewesen – soziales Rückgrat Hirschbergs (2000 Einwohner) und seiner Umgebung. Das Industriedenkmal war finanziell nicht zu halten, Investoren hatten sich nicht gefunden. Kein Wunder bei den Altlasten: eine Bodenverseuchung sondergleichen, Gerbgruben, die jahrhundertelang hier ungeklärt in die Saale geleitet worden waren.

Ich notiere, nach dem Diktat eines ehemaligen Werkleiters, der die Ausräumungs- und Abbrucharbeiten überwacht und uns mit belegter Stimme dürren Einblick in die Trostlosigkeit einer sogenannten »Abwicklung nicht mehr wettbewerbsfähiger Industriebetriebe« gibt: Konkursanmeldung des einst größten Arbeitgebers der Region – September 1992, Konkursende – September 1993, Abbruchkosten – 62 Millionen Mark.

An der Wand im Vorraum der gegenüberliegenden Kneipe hängt die fotografische Chronik einer hundertjährigen Firmengeschichte, dehnen

Lederfabrik Hirschberg an der Saale – »Abwicklungsobjekt nicht mehr wettbewerbsfähiger Industriebetriebe«

Konkursanmeldung: September 1992 – Konkursende: September 1993

sich die Entwicklungsetappen einer kolossalen Schöpfung aus der Gründerzeit, wie für alle Ewigkeiten auf thüringischen Boden an der Grenze zu Bayern gesetzt – und heute nichts mehr als der wehmütige Zeuge eines verflossenen Zeitalters.
In der Kneipe höre ich das typische »Klick« von angestoßenen Billardkugeln und Stimmengewirr. Ein Blick hinein: ein Dutzend Männer, leichte Oberbekleidung bei der Hitze, Bierflaschen und -gläser vor sich auf den Tischen, Billardstöcke in der Hand, die Luft rauchgeschwängert. An den Seiten Spielapparate und eine Musicbox, die gerade angeworfen wird – »La Paloma«.
Als wir eintreten, mit der Kamera, treffen uns neugierige bis mißtrauische Blicke, aber Unfreundlichkeit kommt nicht auf, obschon wir vom Wirt mit ironischer Dehnung als »Wessis« angekündigt werden. Vorher hatte ich von ihm erfahren, daß alle diese Männer in der Lederfabrik beschäftigt gewesen waren, einige von ihnen inzwischen in Bayern Arbeit gefunden haben, andere erwerbslos sind. Dazu die beruhigende Selbstcharakteristik: »Hirschberger sind friedsame Leute«, allerdings mit dem Nachsatz: »solange sie nicht gereizt werden.«
Ich suche das Gespräch mit den Männern, möchte jenseits von Statistiken hinter ihre Schicksale kommen, will ihre Meinungen, ihre Gefühle und Reaktionen kennenlernen. Und habe, seltsam, ein schlechtes Gewissen dabei, gerade, als sei *ich* für das Ende der Lederfabrik verantwortlich – deutsch-deutsche Unwägbarkeiten.
Von den sehr ausführlichen Gesprächen gibt es eine Aufzeichnung, die hier nicht in voller Länge wiedergegeben werden kann, aus der aber doch etwas umfangreicher zitiert werden soll. Denn von allen Antworten auf meine Fragen entlang der Grenze von einst scheinen mir diese zu den aufschlußreichsten für weitverbreitete Stimmungen, Ansichten und Erwartungen unter der Bevölkerung der ehemaligen DDR zu zählen. Das Alter der Befragten mag so zwischen 25 und 60 Jahren liegen, mit Schwergewicht um die 40. Wir stoßen auf entgegenkommende Mitteilungsbereitschaft, ohne daß uns der Druck vorenthalten wird, der auf einem angegriffenen Selbstbewußtsein lastet.
Die Sprechsegmente folgen der Chronologie des Interviews mit seinen naturgemäß wechselnden Partnern, so daß hier eine thematische Ord-

Abbruchkosten:
62 Millionen Mark

nung nicht erfolgt, sondern der Ablauf in gebotener Kürzung, aber exemplarisch wiedergegeben wird.

»Daß die Grenze mal aufgemacht wird? Hab' ich nicht geglaubt! Jedenfalls nicht zu meinen Lebzeiten. Genauso mein Vater, der hat immer gesagt: ›Die Einheit Deutschlands? Die werden wir nicht erleben.‹«

»Was wir gedacht haben, als sie dann doch aufging? Wie geht's weiter, haben wir gedacht. Arbeitslosigkeit drohte, und die hatte es bei uns vorher ja nicht gegeben. Die kam nun, auch bei mir, als die Fabrik abgebaut wurde.«

»Da hab' ich auch gearbeitet, von 1976 bis 1992, 30. Juli – da war meine Kündigungsfrist um.«

»Wie bei mir. Na ja, einen Monat nichts gemacht, dann Arbeit gesucht und gefunden – in Bayern, drüben, nicht hier. Insofern liegen wir ja günstiger – ein Schritt, und wir sind drüben, in der BRD. Das hat manchem geholfen.«

»Nur die Moneten, die stimmen nicht immer. Ein Gabelstaplerfahrer aus dem Westen kriegt 18 bis 22 Mark die Stunde, und wir? 15.«

»Gut, aber ich als Ossi habe sonst keine Probleme mit den Wessis, Null. Man muß sich akzeptieren. Es gibt hier Ochsen und da Ochsen, die gibt es bei uns und auf der andern Seite. Jeder macht seine schlechten und seine guten Erfahrungen.«

»Aber mehr schlechte, ich jedenfalls, und das manchmal ganz gewaltig. Zum Beispiel, wenn drüben ein zwanzigjähriger Arbeitskollege, der mein Sohn sein könnte, als ich ihn mal wegen einer blödsinnigen Bemerkung kritisiert hatte, sagt: Er würde drei Monatslöhne opfern, um mitzuhelfen, die Mauer wieder hochzuziehn, nur noch höher, als sie mal war, tönt der. Was soll ich dazu sagen?«

»Ich will Ihnen mal was aus meiner Sicht erzählen. Viele Bundesbürger denken, daß wir, auf deutsch gesagt, dreißig, vierzig Jahre nur dumm auf der Straße rumgelatscht sind. Das kommt rüber, wenn wir in Firmen der Bundesrepublik arbeiten, ganz stark. Nicht bei allen, aber bei vielen. Dabei wußten wir uns fachlich und berufsmäßig oft besser zu behelfen als die da drüben, die das ja gar nicht nötig hatten. Ein Beispiel: Wenn bei uns in der DDR ein Auto kaputtgegangen war – ich bin Kraftfahrer von Beruf –, dann ist ein schadhaftes Getriebe aus drei anderen wieder zusammengebaut worden. Warum? Weil wir nicht in der Lage waren, ein neues Getriebe ranzuschaffen. Drüben war das prinzipiell anders: altes kaputt, neues rein, und der Laden läuft wieder. Deswegen sage ich: Vom Fachlichen her, von der Situation des Mitdenkens und Weiterleitens im Arbeitsprozeß, da sind unsere Leute besser geschult als die in der Bundesrepublik, hundertprozentig. Sage ich.«

»Das gibt ganz neue Probleme für uns. Wir sind, wie man so schön sagt, ins kalte Wasser geworfen worden, mit einem Schlag. Ohne daß wir die Möglichkeit hatten, uns mit den Gesetzen vertraut zu machen, mit den Gepflogenheiten, den ganzen Sozialmaßnahmen, die es heute gibt. Wer von uns wußte das vorher? Hat sich doch keiner mit beschäftigt, brauchte man nicht. Was ich jetzt sage, klingt komisch, aber uns wurde doch viel abgenommen. Wir brauchten uns um viele Sachen keinen Kopf zu machen. Wir sind halt auf Arbeit gezogen, und da wurde das dann abgezogen, die Steuern und so, meine ich. Du hast deine Rente gekriegt ab dem und dem Lebensjahr, das ging ganz automatisch. Heute mußt du deine Zettelchen von der Versicherung für die Rente aufheben – solche Zettelchen gab's früher nicht. Es gab ein Buch, da bist du hingegangen, da wurde pro Jahr am Ende ein Stempel reingetan mit deiner Verdienstbescheinigung, und Ruhe. Soundso viel hast du anschließend dann bekommen als Rente. Heute mußt du die Zettel abheften, die Lohnabrechnungen heftest du ab, du hast Rennereien auf Ämter, sagenhaft. In den Gesetzen kennst du dich nicht aus, ganz normal. Wir haben ja vierzig Jahre nicht gehabt, was die andere Seite vierzig Jahre gehabt hat. Die konnten sich reinleben in alles. Die wissen ganz genau, ist was faul, mußt du da und da hingehen, mußt du den oder den Anwalt nehmen. Und wir? Wir sind reingeworfen worden. Das ging alles zu schnell.«

»Die meisten von uns sind so um 1950 geboren worden und entsprechend erzogen, in dem Sinne. Und jetzt kommt auf einmal der große Hammer. Da mußt du drauf reagieren können. Wir müssen versuchen, daraus das Beste zu machen, wir Deutsche gemeinsam. Das ist es.«

»Da sind so viele soziale Sachen flötengegangen, die sind flötengegangen, gerade wenn man Kinder hat, einfach weg. Also, früher konnte man in Ruhe seine Kinder aufziehen. Ohne Angst, daß sie keinen Beruf kriegen oder unter Leistungsstreß fallen oder sonstwas. Sie sind in den Kindergarten gegangen, da waren sie gut aufgehoben. Wenn sie ganz klein waren, in die Kinderkrippe. Da konnte die Frau mitarbeiten, und da waren sie gut untergebracht. Jetzt ist alles 'ne Frage des Geldes.«

»Ja, das große Problem ist also, Arbeit zu finden, und zwar in der BRD. Hier muß man sich lange umschauen, bis man das Richtige gefunden hat, und wenn, dann stimmt wieder der Verdienst nicht, ein himmelweiter Unterschied zu dem in der BRD. Es sind ja auch die Ansprüche gestiegen und die Preise. Die Miete? Das war früher 'n Taschengeld gewesen. Und heute?«

»Na ja, und dann das mit der Freiheit. Was versteht man darunter? Das ist doch die große Frage. Reisen, ja. Früher konnte man nur in die Oststaaten fahren und als Kader auch ins nichtsozialistische Ausland, dienstlich gesehen, ohne Familie. Heute kann ich überallhin fahren, wenn ich das habe – cash! So gibt es also wieder den springenden Punkt – Geld.«

»Ich war jetzt in Italien gewesen, im Urlaub, und war schwer enttäuscht davon. Für mich gibt's nur noch Deutschland, unser gemeinsames Vaterland. Da gibt es in den alten Bundesländern noch viele Ecken, die ich nie gesehen habe. Ich weiß nicht, wie die anderen darüber denken, aber das ist meine Meinung.«

»Freiheit? Gut, ich kann heute sagen – ich nehm' mal nicht Helmut Kohl: Meyer, Müller, Schulze, die sind doof. Kann ich jetzt sagen, ohne daß mir was passiert. Aber was habe ich davon? Nix. Ist das nun Freiheit? Das versteh' ich nicht unter Freiheit.«

»Bedeutet das, daß wir die Wiedervereinigung Deutschlands bedauern? Nein, kategorisch nein! Das nicht, auf keinen Fall. Nur über das Wie läßt sich streiten.«

»Ich habe nicht an die Wiedervereinigung geglaubt. Nur in dem Moment, als es in Leipzig losging, so richtig, da habe ich gehofft, daß es mal 'ne Wiedervereinigung geben und wir Deutschen zusammentreffen könnten, das hab' ich gehofft.«

»Ich war da gerade in Berlin, und ich muß sagen, auf deutsch, ich war froh, als es hieß, Deutschland wird wieder einheitlich. Da war ich wirklich froh.«

»Mensch, war das 'ne Euphorie '89! Da kam der Trabant angefahren, der Stinker der Nation, und wurde mit Bananen belegt. Das ist so gewesen,

das hat man nicht nur im Fernsehen erlebt, das hab' ich selber erlebt. Die Leute in Hof haben den ganzen Schwall mitgekriegt.«
»Das hat sich dann normalisiert, klar, und ist erheblich abgeflaut, oft sogar ins Gegenteil umgeschlagen. Wenn Leute aus Thüringen oder Sachsen drüben auftauchen, dann reagieren die Leute ganz komisch, das ist 'ne zwiespältige Sache. Teilweise ist es so, daß ein Türke – ich hab' nix gegen Ausländer! –, der zehn Jahre in Deutschland lebt, ich meine in der BRD, besser angesehen wird als ein Ossi, der seit drei, vier Jahren da lebt. Das muß man ehrlich so sagen.«
»Früher, zu Weihnachten, zu Ostern oder sonstigen Höhepunkten, da haben Verwandte oder Freunde aus der BRD Pakete geschickt, mit Grüßen und der Aufforderung: Könntet ihr nicht mal kommen? Und dann, als die Ossis tatsächlich vor ihrer Tür standen, was war denn dann? Da wurden sie komisch angeguckt und sind wieder abgefahren. Man hat sich manchmal geschämt zu sagen, ich bin ein Ossi. Ich geb' das offen zu.«
»Dabei ist das ein Schmarren – Ossi, Wessi –, ein absoluter Schmarren. Wir sind Deutsche, basta. Es gibt nur eines: Wir müssen zusammenkommen, es gibt keine Alternative. Wir müssen. Aber das dauert, nicht nur fünf oder zehn Jahre – mehr. Beide Seiten müssen dabei zurückstecken, müssen sie.«
Die Miene des Wirts war inzwischen immer süßsaurer geworden – die Leute redeten, sie tranken nicht oder jedenfalls nicht so viel, wie sie ohne zu reden getrunken hätten. Das selbstverständliche Angebot, auf unsere Kosten zu bestellen, war in der rhetorischen Hitze, die dann doch aufkam, nicht so befolgt worden, wie es gemeint war.
Es blieb bei meinen wenigen Fragen, die nicht wiederholt zu werden brauchten, weil sie in den Antworten stecken. Das Gespräch sollte fließen, und es floß. Ich habe auch da nicht interveniert, wo sich deutliche Defizite zeigten, zum Beispiel, welchen Verantwortungsanteil das in Grund und Boden gewirtschaftete DDR-System selbst an der Gegenwartsmisere hat. Aber ich wollte den Strom nicht unterbrechen, weil nur so offen geredet würde. Während des Gespräches war der eine oder andere an den Billardtisch getreten, hatte nach den Kugeln gestoßen (recht fachmännisch, wie ich fand), aber nicht lange. Bald kehrten sie zurück, mischten sich ein, waren bei der Sache.

In einer Hirschberger Kneipe – Betroffene. Auf alle Fragen entlang der alten Grenze waren ihre Antworten die aufschlußreichsten für weitverbreitete Stimmungen und Erwartungen unter der Bevölkerung der ehemaligen DDR

Ich habe als Fernsehmann viele Interviews geführt, aber selten hatte ich das Empfinden einer so raschen Aufeinanderfolge, einer solchen bruchlosen Mitteilungskette wie in diesem Wirtshaus der thüringischen Ortschaft Hirschberg.
Wieder draußen, liegen die Schatten des frühen Abends auf den Dächern. Vor mir, etwas tiefer, der schon erheblich ausgeweidete Riesenkomplex der Lederfabrik, mittendrin ein wolkenkratzerhoher Schornstein, das allerletzte Sprengobjekt, da der Trumm sonst ringsum alles zerschmettern würde.
Das Tagespensum der Demontage ist noch in vollem Gange. Bulldozer, bedient von hebelschwingenden Lenkern, rumpeln hin und her, brechen Mauern, schieben Schutt weg und puffen Wolken von verbranntem Diesel in die Strahlenfinger der noch hoch stehenden Sonne. Die ganze Szenerie, der gefallene, wie am Boden gefesselte Industriezyklop und die liliputanerhaften Menschengestalten an seinen Rändern, erinnert mich lebhaft an Illustrationen aus Jonathan Swifts Meisterwerk »Gullivers Reisen«. Auf diesem hornigen, staubgetränkten, grundverseuchten Gelände soll »ein Wohnpark im Grünen« entstehen?
Ich bekenne, daß meine Phantasie nicht ausreicht, mir das vorzustellen.

Wie Dorfhund Bubi zum Vorläufer der Wende wurde

An der bayerisch-thüringischen Grenze bei Mödlareuth.
Auf den ersten Blick sieht es so aus, als sei das Sperrsystem hier noch voll aktionsfähig: Suchscheinwerfer, Lichtsperren, Signaldrähte, Streckmetallzäune, unbefestigte Erdbunker und befestigte Betonbunker, Grenzsäulen, Schilder: »Sperrzone! Betreten und Befahren nur mit Sondergenehmigung gestattet« – ein Anblick zum Gruseln, in Wirklichkeit aber die Ausstellungsobjekte des »Deutsch-deutschen Grenzmuseums Mödlareuth«.
Hier lief die Grenze volle vierzig Jahre mitten durch den Ort von wenigen hundert Einwohnern, teilte sie ihn hermetisch in einen östlichen und einen westlichen Teil, weshalb Mödlareuth auch »Little Berlin« genannt wurde, wenngleich es keinen Checkpoint gab, wohl aber eine Mauer, über die nicht einmal gewinkt werden durfte. An kaum einer anderen Stelle der langen Grenze lag ihr Wahnsinn offener zutage als hier.
Die herrschaftlichen Ursachen für die verhängnisvolle Trennung in ein bayerisches und ein thüringisches Mödlareuth liegen 400 Jahre zurück. Damals, im 16. Jahrhundert, hatte man aus dem Tannbach, einem Rinnsal quer durch das Dorf, eine Grenze gemacht, was aber für Verkehr und Austausch der Mödlareuther untereinander keine separierende Bedeutung hatte. Im Jahre 1810 wurden erneut Grenzsteine gesetzt, mit den bis heute erkennbar eingemeißelten Initialen »KB« (Königreich Bayern) auf der einen Seite und »FR« (Fürstentum Reuß) auf der andern. Nach dem Ersten Weltkrieg verschwanden dann zwar die Könige und Fürsten, aber die Grenze blieb. Das jedoch faktisch wieder ohne jeden Trennungseffekt – Schule und Wirtshaus standen auf thüringischem Boden, in die Kirche ging man miteinander ins benachbarte Töpen auf bayerischem Territorium.

»Auf den ersten Blick sieht es so aus, als sei das Sperrsystem hier noch voll funktionsfähig« – original erhalten gebliebenes Teilstück der Grenzbefestigung im »Deutsch-deutschen Grenzmuseum Mödlareuth«

Gemeinsam zogen die Mödlareuther auch in den Zweiten Weltkrieg, dem bekanntlich die Aufteilung Deutschlands in vier Besatzungsgebiete folgte, mit all den potentiellen Perversitäten einer zunächst noch unvorstellbaren Zukunft.

Da die innerdeutsche Demarkationslinie hier wie überall entlang den alten Landesgrenzen verlief, streckte sich nun links des Tannbachs die amerikanische, rechts die sowjetische Zone, womit die Sondergeschichte der kleinen Ortschaft begann. Zunächst mit eher harmlosen Vorzeichen, gemessen an kommenden Ereignissen. Denn noch konnten die Einwohner in dieselbe Schule gehen und das gleiche Wirtshaus aufsuchen, noch war der Handschlag über den Tannbach erlaubt, bis der Kalte Krieg dann auch hier seine Wirkung tat und nach der Gründung der Bundesrepublik Deutschland im Mai 1949 und der Deutschen Demokratischen Republik im Oktober jenes Jahres zu einer immer perfekteren Abschottung von östlicher Seite führte. Der Schritt über den Tannbach war nur noch mit Passierschein möglich, ehe dann im Mai 1952 der Ministerrat der DDR eine »Verordnung über Maßnahmen an der Demarkationslinie zwischen der

Im Laufe von vierzig Jahren immer abgeschotteter, zog sich die innerdeutsche Grenze bis 1989 quer durch das je zur Hälfte zur Bundesrepublik (Bayern) und zur DDR (Thüringen) gehörende Mödlareuth

DDR und den westlichen Besatzungszonen« erließ. Daraufhin wurde ein zehn Meter breiter Streifen abgeholzt und umgepflügt, mit der Verkündung, daß ohne Warnung sofort auf jeden geschossen werden würde, der das Verbot überträte. Dorfbewohner wurden zwangsweise ausgesiedelt, und bald wurde ein übermannshoher Bretterzaun mitten durchs Dorf gezogen.

Danach konnten die Einwohner rechts und links des Tannbachs, mit sehr unterschiedlichen Konsequenzen für ihr Leben, zu Zeugen einer Abschottung werden, die 1966 dann durch eine in wenigen Wochen errichtete 700 Meter lange und 3,30 Meter hohe Mauer ihren buchstäblichen Höhepunkt erreicht hatte.

Erfreulicherweise berichten die Ortsannalen, daß dieses Prinzip einmal unterlaufen wurde, und das ebenfalls in physischem Sinne: von dem heute noch quicklebendigen Dorfhund Bubi, einer lokalen Promenadenmischung von hoher, man möchte fast sagen gesamtdeutscher Beliebtheit. Bei einer 1988 unvermeidlich gewordenen Regulierung des Tannbachs soll Bubi von Osten unangemeldet durch ein schwer bewachtes Loch in der Mauer nach Westen geschlüpft sein und dort seiner Verach-

Wegen seiner Spaltung in zwei getrennte Teile wurde Mödlareuth auch »Little Berlin« genannt. Beim Abzug der US-Armee aus Deutschland brachten amerikanische Soldaten und Offiziere auf der Westseite des Tannbachs, der die Grenze gebildet hatte, diese Gedenktafel an

tung für die Situation durch ein respektlos erhobenes Bein unmißverständlich Ausdruck gegeben haben.
Damals hatte niemand geahnt, daß Bubi sozusagen der Vorläufer der Wende war, daß er kaum ein Jahr später zum Beinheben keinen Grund mehr gehabt hätte, sondern unbehelligt vom thüringischen ins bayerische Mödlareuth laufen könnte, die Spaltung im Großen wie im Kleinen aufgehoben und die nachts stets in gespenstisches Licht getauchte Mauer bald schon nichts als ein Ausstellungsobjekt unter freiem Himmel sein würde: Am 17. Juni 1990 hatte ein Bagger sie bis auf vorsorglich ausgesparte Reste eingerammt.
Vorsorglich – denn von der ersten Stunde des Mauerfalls an gab es hier Menschen, die das Andenken an die örtliche Variante des systementlarvenden Sperrwerkes wachhalten wollten, sowohl für die Betroffenen von einst als auch zur Mahnung für künftige Generationen. So wurde erhalten, gesammelt, Teilstücke der Grenzanlagen dem Zugriff der Abbaukommandos entzogen und um die Zustimmung der Mödlareuther Bevölkerung für den Plan geworben. Wollten sie denn überhaupt das scheußliche Relikt, wenngleich nun mit gänzlich veränderter Aufgabe, in ständiger Nähe und Sichtweite behalten?
Sie wollten.

Dorfhund Bubi, dessen sensationeller Wechsel über die schwer bewachte Grenze von Ost nach West während einer Regulierung des Tannbachs im Jahre 1988 in die Annalen Mödlareuths eingegangen ist. – Und so erleben wir ihn heute: betagt, aber unternehmungslustig wie eh und je

Und so wurde denn im September 1990 der »Verein Deutsch-deutsches Museum Mödlareuth e. V.« gegründet und 1993 von der bayerischen und der thüringischen Landesregierung als förderungswürdiges Projekt offiziell anerkannt. Die Arbeit beschränkt sich aber nicht allein auf diesen Ort, sondern bindet noch andere Punkte an einem der sensibelsten Abschnitte im äußersten Süden der ehemaligen DDR-»Staatsgrenze« ein. Darunter den Grenzbahnhof Gutenfürst, den Autobahn-Grenzübergang Rudolphstein-Hirschberg, die Lederfabrik Hirschberg, die Papierfabrik Rosenthal in Blankenstein, die Thüringer Schieferbrüche in Lehesten und das alte Dreiländereck Bundesrepublik–DDR–ČSSR bei Prex.

»Denkmal – bitte nicht zerstören!« steht auf einem Mauerrest an der ehemaligen Grenze zwischen Mödlareuth und Mödlareuth.

Dabei ist die Besichtigung der verbliebenen Anlagen nur ein Aspekt. Für wichtiger noch halten die Museumsgründer angesichts der schwarzen Tendenzen, die tief in die nationale Geschichte zurückreichende deutsche Vorverantwortung an der Mauerentstehung zu verdrängen, deren historische Zusammenhänge sichtbar zu machen und auf diesem Fundament die Daseinsbedingungen, unter denen die Bewohner diesseits und jenseits des Sperrwerks so lange auf unterschiedliche Weise gelebt haben.

Motor des ganzen Unternehmens, Zentrum und treibende Kraft des Museums, ist Arndt Schaffner, ein Mann von unermüdlichem Arbeitseifer und großem Stimmvolumen, wenn er den zahlreichen Besuchern vor Stacheldraht und Wachttürmen erklärt, wie es in dem inzwischen so leicht erreichbaren »Drüben« vor dem Mauerfall zugegangen war. Als wir in Mödlareuth eintreffen, erklärt Arndt Schaffner gerade: »Bei Einzelaussiedlungen kam in Nacht-und-Nebel-Aktionen ein Trupp Grenzpolizei an und umstellte die jeweiligen Gebäude. Den Bewohnern wurde nur eine kurze Zeit gegeben, um die notwendigen Habseligkeiten auf einen Lkw zu verladen, ehe sie ins Hinterland verbracht und ihr Anwesen dem Erdboden gleichgemacht wurde.«

Die Zuhörer drängen sich vor Barrieren, Bunkern, Mauerresten, während ich versuche, in ihren Mienen zu lesen. Dabei registriere ich unterschiedliche Reaktionen: Anteilnahme, Neugierde, auch Zeichen von Unglauben, vor allem auf den Gesichtern jüngerer Menschen. Unverkennbar, wie fern ihnen die Mauer schon ist, wenn sie überhaupt je eine innere Nähe zu ihr und ihrer Problematik verspürt haben sollten. Wie denn auch?

Mir wird an den Physiognomien nur noch einmal klar, in welch einer schnellebigen Zeit wir uns befinden und wie rasch selbst schwere und

Arndt Schaffner, Gründer und Seele des »Deutsch-deutschen Grenzmuseums Mödlareuth«, klärt die zahlreichen Besucher am Beispiel von Mödlareuth und anderen Grenzüberbleibseln der Region auf über Ursachen, Wirklichkeit und Folgen der deutschen Teilung

schwerste Zumutungen aus der Vergangenheit zum »Schnee von gestern« werden können, jedenfalls für die, die ihnen – und das zu ihrem Glück – nie ausgesetzt waren.

Ganz anders bei denen, die betroffen waren. Wie jene Frau, die auf meine Frage, ob sie jemals geglaubt habe, zu ihren Lebzeiten unbehindert vom thüringischen Mödlareuth (wo sie wohnte und wohnt) ins bayerische Mödlareuth gehen zu können, spontan antwortet: »Nee, nee, daran habe ich nicht geglaubt und auch keiner sonst«, ehe sie, ständig mit Tränen kämpfend, fortfährt: »Jetzt weiß man wieder, für was man auf der Welt ist. Wo die Mauer war, haben wir nichts anderes gewußt. Aber wo die Mauer weg war und die Menschen wieder zusammengekommen sind, das war ganz unfaßbar«, stockt, schluckt. »Meine Schwiegermutter und die Tante, die sind mittlerweile achtzig, die haben hier und drüben gelebt, konnten sich so lange Jahrzehnte nicht sehen und sprechen, die haben sich gar nicht mehr gekannt, und das war furchtbar, ganz furchtbar war das«, sie stockt, schluckt, so im Originalton meines Tonbands, das ich jetzt bei der Niederschrift ablaufen lasse, deutlich zu hören.

Und weiter darauf, in ihrem thüringischen Dialekt: »Als die Mauer dann fiel, das war so aufregend, viele schlaflose Nächte, was wir hatten. Weil niemand daran gedacht hat, daß die Menschen mal wieder zueinanderkönnten. Das war so schlimm. Früher, da sind sie rübergekommen, in die Gaststätte, das war ja *ein* Dorf. Und über Nacht war dann die Grenze zu. Und dann ist sie wieder aufgemacht worden – uns konnte nichts Besseres passieren.« Stockt, schweigt. »Wir waren abends im Wohnzimmer, und da haben sie es in den Nachrichten gebracht. Und da haben wir es noch gar nicht geglaubt, auch am andern Tag noch nicht. Aber dann, wo wir gesehen haben, was hier los ist, was an der Grenze die Autobahn runter ist, und wo sie es im Fernsehen gesehen haben, und als die Züge aus der Tschechei und aus Ungarn kamen, da haben wir geglaubt, daß es so ist«, schweigt, stockt. »Hier in Mödlareuth ist die Grenze am 9. Dezember 1989 aufgemacht worden, dafür hatten wir alle gekämpft und gefordert: ›Wir wollen einen richtigen Übergang haben.‹ Auch wenn wir schon vorher drüben gewesen sind, am 7. Dezember, und uns schon mal alle begrüßt haben. Der richtige Fußgängerübergang ist dann erst zwei Tage später eröffnet worden«, schweigt, lange. »Das ging über die Nerven. Wir

Obwohl für viele junge Menschen die Mauer bereits nicht mehr bewußt erlebte Geschichte ist, steigt der Anteil dieser Altersgruppen im Besucherstrom des Grenzmuseums ständig an. Gruseleffekt, politischer Kitzel, historisches Interesse? »Von allem etwas«, sagt Arndt Schaffner

haben doch immer gedacht, daß sie uns einmal zusammenpacken und ins Hinterland schaffen würden. Aber daß die Grenzen aufgemacht würden, daran hat niemand gedacht, niemand, sage ich«, weint.
Ich weiß nicht, ob es vertretbar war, in der nach landläufiger Denkweise »einfachen« Frau wachzurufen, was sie so offensichtlich erschütterte, obwohl der Anlaß schon etliche Jahre zurücklag. Aber daß dieses Statement ein akustisches Dokument von hoher Allgemeingültigkeit für die Menschen zu beiden Seiten der ehemaligen Grenze ist, auch wenn es nicht so häufig nach außen tritt, das ist für mich gegen Ende unserer Reise unbestritten.
Auf das Museumsareal zurückgekehrt, bietet sich ein seltsames Bild: Einige Besucher haben bunte Sonnenschirme aufgespannt, um sich vor der Hitze des Augusttages zu schützen. Sie sitzen in leichten Textilien auf Bänken und Stühlen, Männer und Frauen, entspannter Gegensatz zu den Wachttürmen, dem Metallgitterzaun, den rotweißen Schlagbäumen – wie die Halluzination eines Wunschbildes, das nie Wirklichkeit werden wird. Und da plötzlich ist er wieder in mir, dieser sinnlose, realitätswidrige Schrecken, ich könnte im nächsten Moment aus einem Traum erwachen, den ich oft und mit schweißgebadetem Entsetzen geträumt habe: mich gegen meinen Willen, von einer unsichtbaren Gewalt getragen, hinter der noch voll funktionsfähigen Mauer in der Macht ihrer Erbauer wiederzufinden . . .

Der verschwundene »Dreckverband« oder Mein persönliches Wunder

Vorletzte Station: ehemaliger Grenzbahnhof Gutenfürst an der Strecke Dresden–München, zu DDR-Zeiten auch »Bahnhof der Tränen« genannt – nachts die scheinwerferbestrahlte Abschiebestation für entbehrbare Rentner, deren Rückkehr unerwünscht war.
Da stehen sie noch, längs den Gleisanlagen, die Tiefstrahler von gestern, die jeden Käfer auf der Erde dingfest machen konnten und in weitem Umkreis kein Dunkel duldeten. Schlanke Stahltürme sind das, wohl an die dreißig Meter hoch, mit einer Außenleiter, die droben in eine Art Stahlkorb mündet, Postament für die Riesenlaternen eines schlaflosen Staatsmißtrauens gegenüber den eigenen Bürgerinnen und Bürgern.
Grenzstation Gutenfürst. Heute donnern hier Züge über die Gleisanla-

Tiefstrahler und Schrotthaufen, Hypothek der ehemaligen »Grenzstation Gutenfürst«, auch »Bahnhof der Tränen« genannt

gen, als sei es nie anders gewesen. Nur zerstörte Relaisstationen, Schrotthaufen nutzlos gewordener Schaltanlagen, mit herausgerissenen Drähten und zerschlagenen Sicherungen, geben eine letzte Ahnung von der Funktion, die der »Bahnhof der Tränen« einmal gehabt hat. Aber auch das schon wie verweht, unwirklich fast – wahrgenommen von wem, dem die Fortune der Geburt das Selbsterlebnis dieser Grenze erspart hat?

Dann endlich das »Dreiländereck« – so genannt, weil dort die Bundesrepublik (Freistaat Bayern), die ČSSR (Tschechoslowakische Volksrepublik) und die DDR (Sachsen) zusammenstießen. Nach der Vereinigung ist daraus ein Zweiländereck geworden, berühren sich hier nur noch die Grenze der vereinten Bundesrepublik Deutschland mit der der Republik Tschechien. Aber die alten Grenzsteine Bayerns und Sachsens sind noch da.
Ungeachtet des uns begleitenden Doppelpostens vom Bundesgrenzschutz mache ich mir ein Vergnügen daraus, die alten und die neuen Grenzen strikt zu mißachten und über jede von ihnen hinwegzuschreiten, über die erlaubte und gefahrlose zwischen Bayern und Sachsen, und, ein wenig jenseits der Legalität und bar aller Voranmeldung, über die zwischen Deutschland und Tschechien. Die beiden Männer vom Bundesgrenzschutz spielen mit, tun so, als ob sie nichts merkten, sprechen mich dann aber streng auf mein gesetzloses Treiben an, wenn auch ohne jede Bereitschaft, die dagegen eigentlich vorgeschriebenen Maßnahmen zu ergreifen. Allgemeine Heiterkeit.
Hier endete unsere Reise, an diesem Waldrand, wo das Schild »STAATSGRENZE« keine Furcht mehr einflößt, sondern, wie an so manch anderen Punkten der ehemaligen Grenze, der Frieden der ganzen Welt versammelt zu sein scheint. Obwohl doch auch für diesen Platz noch bis vor kurzem galt, was Wolf Biermann einst so besungen hatte:

Was wird bloß aus unseren Träumen
in diesem zerrissenen Land,
die Wunden wollen nicht zugehen,
nicht zugehen unter dem Dreckverband
Und was wird aus unseren Freunden,
Und was aus Dir und aus mir?

Ja, was? War doch hier, auch hier am sogenannten Dreiländereck, wie überall an der beinahe 1400 Kilometer langen Grenze, damals Schluß ...

Nun ist er weg, der »Dreckverband«, ist diese Wunde vernarbt – doch manch andere, wie wir inzwischen wissen, neu entstanden und das Land, immer noch, zerrissen.
Dennoch lasse ich mir nicht einreden, die gegenwärtigen Wunden seien, wie manche behaupten, noch schlimmer als die damaligen. Ich kenne den Unterschied zwischen gestern und heute, und ich melde dafür meine Kronzeugenschaft so an: Der Gegensatz zwischen meiner ersten Reise entlang der innerdeutschen Grenze, vor fast zwei Dezennien, und der jetzigen Mitte der neunziger Jahre auf der Suche nach ihren Überbleibseln – dieser Gegensatz ist für mich nicht mehr meßbar.
Welch unterschiedliche Situation am Ende beider Erlebnisse! Hier der Schlußtext meiner Sendung »GRENZE '78 – Ein deutsches Tagebuch«:
»Angesichts der obszönen Endgültigkeit dieses Bauwerks habe ich mich dabei ertappt, daß ich häufiger an die Möglichkeit einer Entwicklung in zwei deutsche Nationen der Zukunft dachte als an die Wiedervereinigung. Kein Zweifel: Diese Grenze hat immer noch einen heimlichen, aber äußerst wirksamen Bundesgenossen, nämlich das Mißtrauen einer großen Weltöffentlichkeit gegenüber der Dynamik eines wiedervereinigten Deutschland. Was hat unsere eigene Geschichte dazu beigesteuert? Von allen Fragen, die das Sperrsystem der DDR für mich aufwarf, war diese die nachdenklichste.«
Worte, die die Unvorhersehbarkeit des 9. November 1989 nur noch einmal bestätigen und insofern zukunftsblind waren und doch auch wieder hochaktuell für unsere Gegenwart und Zukunft. Schneiden sie doch gleichzeitig jene Frage an, die nun tatsächlich, gesagt oder ungesagt, wie eine schwere Wolke über unserer eigenen und der europäischen Geschichte schwebt, ja, morgen vielleicht mehr noch als heute schon darüber lasten wird: Wird die Dynamik eines gegen alle Erwartungen vereinigten Deutschland wieder zu einem Problem für seine Nachbarn, für Europa?
Wie von allein ergibt sich daraus jene zweite Frage, die sich mir während der ganzen Fahrt entlang der alten Demarkationslinie immer wieder

Am einstigen »Dreiländereck«, südlicher Endpunkt der innerdeutschen Grenze: Dort stießen die Bundesrepublik (Bayern), die DDR (Sachsen) und die Tschechoslowakische Sozialistische Volksrepublik zusammen – »hier war Schluß«. Heute ist der »Dreckverband« verschwunden, grenzen dort nur noch die Bundesrepublik Deutschland und die Republik Tschechien aneinander – als sei da schon immer der Friede der ganzen Welt versammelt gewesen

POZOR
Státní hranice
D
B
1844

Autor und Fotograf am Ende ihrer Reise. Bis dahin hatten sie entlang der Phantomgrenze insgesamt an die 4000 Kilometer zurückgelegt

stellte, nämlich: Sollte der ungewissen Antwort wegen die Teilung Deutschlands etwa aufrechterhalten bleiben?

Falls, was ich nicht glaube, in mir doch so etwas wie eine versteckte Bejahung gelebt, wenn es tatsächlich darüber Zweifel gegeben haben sollte – *ein* Bild, *eine* Szene auf unserer Reise hätte sie sofort und für immer beseitigt: jenes Paar mit seinem Kind, das uns irgendwo auf einem Kolonnenweg an der alten Grenze wie aus heiterem Himmel vor die Kamera geriet! Jossi Kaufmann und ich, zwei alte Haudegen der Fernsehdokumentation, die viel gemeinsam in der ganzen Welt gearbeitet hatten, wir sahen es gleichzeitig und wußten sofort, wortlos: das wird diesmal das Schlußbild werden!

Von weit her tauchten sie auf, der Vater mit dem Kind auf einer Seite der Betontrasse, die Mutter mit dem Wagen auf der anderen. Mal hielt er das Kind im Arm, mal führte er es an der Hand, während die Mutter den leeren Wagen schob, jetzt die Arme nach dem Kind, dann nach ihrem Mann ausstreckte, alle drei unbefangen auf einem gemächlichen Spaziergang in der Morgensonne, mit weiter Sicht nach allen Seiten – *ohne daß die »Alarmvariante A« oder »B« ausgelöst wurde . . .*

Ich stand bei dem Anblick wie festgewurzelt da: Auf dem vormaligen Gelände zwischen dem vorderen Haupt- und dem hinteren Schutzzaun, also der gefährlichsten, der explosivsten Zone des ehemaligen Sperrwerks; dort, wo vor einer Geschichtssekunde noch jedem »Grenzverletzer« die Kugeln nur so um die Ohren geflogen wären, Scheinwerfer aufgeleuchtet, Minen gedroht, Hunde gekläfft hätten: dort nun dieses Trio, lachend, scherzend und mit sich selbst so beschäftigt, daß es uns bisher gar nicht wahrgenommen hat . . .

Vor dieser Momentaufnahme notiere ich die Schlußsätze meiner zweiten Reise entlang der ehemaligen Grenze, diesmal auf der Suche nach ihren Überbleibseln:

»Das vereinigte Deutschland hat sensibel auf die Ängste seiner Nachbarn zu reagieren – ja! Aber daß ein Bild wie dieses möglich wurde, ist für mich, was es war und was es bleiben wird: ein persönliches Wunder.«

Anhang

Was erinnert uns heute noch an die ehemalige innerdeutsche Grenze?

1. Projekt: Naturschutz

Die Wiedervereinigung Deutschlands – eine historische Chance auch für den Naturschutz.

Bereits am 9. Dezember 1989 hatten über 400 Naturschützer aus Bayern und der DDR in einer einstimmigen Resolution den Schutz des Grünen Bandes verlangt. Der damalige Bundespräsident Richard von Weizsäcker, die zuständigen Umweltminister sowie die Landräte der grenznahen Kreise sprachen sich frühzeitig und eindeutig für den Erhalt des Grünen Bandes aus. Es war das erste gesamtdeutsche Naturschutzprojekt.

Herausgeber: Bayerisches Staatsministerium für Landesentwicklung und Umweltfragen

2. Projekt: Radfernwanderweg Lübeck–Hof

Vom Todesstreifen zum Lebensstreifen. So lautet der Grundgedanke des Radfernwanderweges von Lübeck nach Hof.
(Stand: 31. August 1995)

Lebensstreifen

Zielsetzung: Radfernwanderweg als lebendiges Mahnmal europäischer Geschichte und Kernstück eines europäischen Radfernwegenetzes; umweltverträgliche Umsetzung der infrastrukturellen Konsequenzen der vormals unnatürlichsten und unmenschlichsten Grenze. Ziel ist es, den Aufbau einer Radverkehrsinfrastruktur anzuregen und bis zu einem gewissen Punkt zu koordinieren.
Arbeitsschwerpunkte: Schaffung eines Radfernwanderweges Lübeck–Hof. Der Weg soll dabei zum Schutz von Naturschutzgebieten und wertvollen Biotopen beitragen. Diese Funktion kann der Weg etwa dadurch übernehmen, daß die Streckenanlage in Abstimmung mit den zuständigen Naturschutzeinrichtungen Naturschutzgebiete wie Schaalsee und Drömling durch Ausweisung naturschutzverträglicher Strecken durch die Gebiete lenkt oder sie bewußt umgeht.

Zielgruppe: alle Mitmenschen; besonders die, die im ehemaligen Zonenrandgebiet (etwa von Lübeck bis Lauenburg) und im ehemaligen Schutzstreifen und Sperrgebiet der ehemaligen innerdeutschen Grenze leben.
Veranstaltungen: Vorträge in sämtlichen Bundesländern und im Ausland, Fachtagungen, diverse Veranstaltungen
Publikationen: diverse
Beschäftigte: zwei ehrenamtliche
Ist landesweit und bundesweit tätig
Anschrift: Marlesgrube 42
23552 Lübeck
Telefon: 04 51/7 28 98
Kontaktperson: Dipl.-Ing. Klaus Buchin
Sprechzeiten: jederzeit
Mitglieder/Partner: Kommunen, Kreise, Länder, Nationalparkämter, Naturschutzverbände, Fremdenverkehrsverbände, Museen, Privatpersonen in über 100 verschiedenen Orten
Gründung: 1989
Dachorganisation: Projekt: Lebensstreifen

Die Türme

Beobachtungstürme mit den Grundmaßen 2,5 x 2,5 m und Führungsstellen mit den Grundmaßen 4,0 x 4,0 m wurden in den Jahren 1978/79 errichtet. Sie dienten zur Überwachung der Grenze. Von den Führungsstellen wurde aber nur in seltenen Fällen auf Republikflüchtlinge geschossen, weil sie nur als Leitstellen dienten.
Jetzt stehen entlang der ehemaligen innerdeutschen Grenze noch *27 Beobachtungstürme* und *36 Führungsstellen*. Sie dienen heute als Vogelschutzwarten oder als Standpunkt für Amateurfunker und bleiben als Mahnung an die Grenze stehen.

Travemünde:
Grenzboje zur Erinnerung an die innerdeutsche Grenze, am 3. April 1990 eingezogen

Priwall:
Gedenkstein »Nie wieder geteilt«

Pötenitz:
Führungsturm »Drei Birken«, Funkstation

Dassow:
Führungsturm in Privatbesitz

Teschow:
Beobachtungsturm für Natur- und Vogelschutz

Lübeck-Schlutup:
Mahnmal an der Straße von Lübeck nach Selmstorf (Schlutup = Schließ auf)

Büchen:
Dorfgemeinschaftshaus, zwei Zimmer Grenzgeschichte

Zarrentin:
Führungsturm

Herrnburg:
An den Eisenbahnschienen sind noch weiße Markierungen der Trennung zu sehen

Wietingsbek:
Kleine Grenzinformationsstelle

Mustin:
Gedenkstein an die Grenzöffnung

Boizenburg:
Durchlaßtor zur Grenze an der Werft

Gothmann:
Beobachtungsturm

Neu Wendischtun:
Führungsturm in Privatbesitz, Gedenkstein an die Grenzöffnung

Bleckede:
Fährcafé, Dokumentation der Elbgrenze

Konau:
Beobachtungsturm

Darchau:
Führungsturm

Thießen:
Aussichtsturm mit Blick zur Elbe

Rüterberg:
Dorfrepublik Rüterberg. »Land der Niemande« 1967–1989. Zur Dorfrepublik erklärt am 8. November 1989. 22 Jahre lang lebten hier 150 Einwohner total eingesperrt zwischen zwei Zäunen. Die einzige Verbindung zur Außenwelt war ein ständig kontrolliertes Tor. Dieses Tor war aber von 22 Uhr abends bis 6 Uhr morgens geschlossen, so daß ein Betreten oder Verlassen des Dorfes während dieser Zeit unmöglich war. Denkmal, **Führungsturm** in Privatbesitz, Durchlaßtor an der Elbe neu aufgestellt mit Dokumentationstafel im Ort. (Informationen bei Hans Rosenberger, Tel.: Dömitz 03 87 58/2 22 13)

Dömitz:
Beobachtungsturm im Hafen mit Metallgitterzaun; ehemalige Eisenbahnbrücke

Lenzen:
Beobachtungsturm, Führungsturm

Schnackenburg:
Grenzlandmuseum (geöffnet So 10–12 Uhr); Aussichtsplattform

Lütkenwisch:
Ehemalige Kontrollstelle Elbe, heute Technisches Hilfswerk (THW), Stützpunkt, **Führungsturm**

Bömenzien:
Beobachtungsturm

Schletau:
Gedenkstein an die Grenzöffnung

Arendsee:
Gedenkstein mit Inschrift »Sperrgebiet zur Bundesrepublik«

Lübbow:
Führungsturm mit Ausstellung und Tafeln mit Grenzverlauf

Salzwedel:
Museum mit Abteilung Grenze

Nienbergen:
Aussichtsplattform, Gedenkstein

Großgrabenstedt:
Führungsturm

Waddekath:
Mauerrest und Erdbunker, ein spanischer Reiter, Grenzsäule

Zasenbeck:
Grenzsäule zur Erinnerung an die Grenzöffnung

Plastau:
Grenzsäule zur Erinnerung an die Grenzöffnung

Hanum:
Gedenkstein und Grenzsäule zur Erinnerung an die Grenzöffnung am 6. Januar 1990

Brome:
Gedenkstein an die Grenzöffnung am Schloß; im Heimatmuseum, im Keller, ständige Ausstellung zur ehemaligen deutsch-deutschen Grenze mit Grenzarchiv (Fotos, Dias, Zeitungen), eingeweiht am 17. Juni 1995 (Tel.: Heimatverein Brome 0 58 33 /16 23)

Zicherie:
Geschichtslehrpfad, Gedenkstein vom 17. Juni 1958. Lichtensteinkreuz zur Erinnerung an den Journalisten Kurt Lichtenstein, der hier an der Grenze am 12. Oktober 1961 von NVA-Soldaten erschossen wurde, weil er mit LPG-Bauern gesprochen hatte

Böckwitz:
Führungsturm, Geschichtslehrpfad mit Grenzmauer als Zeitzeuge, Metallgitterzaun, Europastein. Naturschutzgebiet Drömling

Oebisfelde:
Plastik »Mahnende Mutter« an der ehemaligen Grenze

Weferlingen:
Führungsturm; sehenswerter Wasserturm mit Inschriften russischer und deutscher Grenztruppen; Gedenkstein zur Grenzöffnung; Mahnkreuz mit Inschrift 1961–1989; kompletter Hinterlandzaun von Weferlingen bis nach Walbeck

Walbeck:
Beobachtungsturm

Beendorf:
Gedenkstein an die Grenzöffnung

Morsleben:
Führungsturm

Helmstedt:
Zonengrenzmuseum, Entwicklung der innerdeutschen Grenze in politischer und wirtschaftlicher Sicht mit allen Nachteilen für die Bevölkerung; Uniformstücke der Alliierten; Geschichte des deutsch-deutschen Tagebaues der BKB; Entwicklung des bekanntesten Grenzüberganges entlang der Demarkationslinie; Originalstück des Sicherungszaunes und Motorrad der Grenztruppen der DDR (Südertor 6, Tel.: 0 53 51/12 12 48, geöffnet Di – So 15 bis 17 Uhr, Do bis 18 Uhr). Mahnmal zur Wiedervereinigung Deutschlands an der Autobahn, eingeweiht am 3. Oktober 1995 – ehemaliger Kontrollpunkt Helmstedt/Marienborn

Marienborn:
»Gedenkstätte Deutsche Teilung« auf dem ehemaligen Gelände des Kontrollpunktes. **Leitungsturm** des Kommandanten der GÜST (Grenzüberwachungsstelle);
Überwachungsturm an der Nahtstelle zwischen Ost und West

Harbke:
Führungsturm; Gedenkstein; Metallgitterzaun im Braunkohlentagebau, der die beiden Tagebaue trennte

Offleben:
Gedenkstein mit Inschrift »Deutschland ist unteilbar«; Schild »Gasthof zur Grenze«; hinter dem Kleingartengelände befindet sich eine originale Grenzsäule

Hötensleben:
Führungsturm im umstrittenen Grenzdenkmal; Grenzmauern und spanische Reiter

Jerxheim:
Gedenkstein an die Grenzöffnung

Mattierzoll:
Führungsturm mit Grenzdenkmal; Metallgitterzaun; Gedenkstein an die Grenzöffnung

Osterwieck:
Führungsturm mit einem Reststück des Grenzzaunes

Hornburg:
Heimatmuseum mit ständiger Grenzausstellung (geöffnet Mi, Sa, So 15 bis 17 Uhr)

Wiedelah:
Grenzzaun unter Naturschutz

Stapelburg:
Geplante Ausstellung zur Grenze in Zusammenarbeit mit dem Nationalpark Hochharz

Sorge:
Grenzmuseum mit »Ring der Erinnerung«. Dieses ist ein Symbol für die Wiedervereinigung der beiden deutschen Staaten und steht auch als Mahnmal gegen zunehmende Umweltzerstörung nicht nur in der Bundesrepublik, sondern weltweit. **Beobachtungsturm** mit Rest des Grenzzaunes; Grenzsäule; Hinterlandszaun mit Signaldrähten; Freigelände

Hohegeiß:
Heimatmuseum mit Abteilung Grenze/ Deutsche Einheit (geöffnet Sa 16–18 Uhr). Gedenkstein für den hier am 1. August 1963 erschossenen Flüchtling Helmut Kleinert

Brocken:
Gedenkstein an die Grenzöffnung am 3. Dezember 1989; Museum in Zusammenarbeit mit dem Nationalpark Hochharz; Ausstellung über die Arbeit der Stasi auf dem Brocken; Grenzausstellung »Der Berg ist frei« (geöffnet täglich 10–17 Uhr)

Bartolfelde:
Beobachtungsturm

Tettenborn:
Grenzlandmuseum mit Ausrüstungsgegenständen der Grenztruppen der DDR,

einem letzten kompletten Inhalt einer Führungsstelle, Tonbandaufzeichnungen einer Grenzverletzung sowie ein selbstgebastelter Heißluftballon, der zur Flucht benutzt werden sollte, sowie Dokumente zur deutschen Teilung (geöffnet So 10–12 Uhr; Tel.: 0 55 23/ 3 00 90)

Ellrich:
Ehemalige Kontrollbrücke zur Überwachung des Güterverkehrs der Eisenbahn; Grenzsäule und Grenzzaun an der Rotbuche in Richtung Walkenried

Zwinge:
Gassentor mit Hinterlandzaun; Grenzsäule

Gerblingerode:
Geschichtslehrpfad am Pferdeberg mit Aussichtsturm

Teistungen:
Ehemalige Kontrollstelle an der Straße, Hauptgebäude wurde zum Grenzmuseum »Deutsche Teilung«, Eröffnung am 11. November 1995. Auf dem Berg befindet sich ein Freilicht-Grenzmuseum mit originalem Metallgitterzaun, Erdbunker und **Führungsturm**. Hinterlandzaun ist neu errichtet

Böseckendorf:
Skulptur »Deutsche Teilung«. Der Ort machte im September 1961 Schlagzeilen in der Weltpresse, als hier viele Familien über die Minensperre in den freien Teil Deutschlands flüchteten; Aufnahme fanden sie im Grenzdurchgangslager Friedland, wo sie die Bitte äußerten, nicht auseinandergerissen zu werden, denn sie wollten eine Gemeinschaft bleiben

Wahlhausen:
Grenzsäule an der Werra

Sickenberg:
Hessisch-thüringisches Grenzmuseum mit Ausrüstungsgegenständen der Grenztruppen der DDR, Dokumenten über die Entwicklung der Grenze, Fahrzeugen und einem Hubschrauber, der mehrmals täglich die Grenze abflog (geöffnet Mo bis Fr 14–17 Uhr und So 15–18 Uhr). **Beobachtungsturm** und Metallgitterzaun, ein Originalstück (Arbeitsgemeinschaft Grenzinformationsdienst, Tel.: 0 56 52/37 02)

Bad Sooden-Allendorf:
Mahnkreuz für den erschossenen Flüchtling Heinz Große

Friedland:
Grenzdurchgangslager, Baracke unter Denkmalschutz

Kloster Hülfenberg:
Großes Mahnkreuz für die Opfer des Stalinismus

Wanfried:
Eichsfelder Kreuz aus Stein, es steht für das geteilte Eichsfeld. Doumentationszentrum der Nachkriegsgeschichte mit über 20 Videofilmen und 3000 Publikationen über das Leben in der DDR und an der Grenze sowie Urkunden über das Wanfrieder Abkommen im September 1945 (Ansprechpartner: Friedel

Schleicher, Tel.: 0 56 55 / 86 03, geöffnet Mai bis September So 9.30–11.30 Uhr, Do 14–17 Uhr, Sa 9.30–12.30 Uhr; Oktober bis April Do 14.30–16.30 Uhr, Sa 10.30–12.30 Uhr)

Wendehausen:
Tafel an der ehemaligen Zonengrenze, errichtet nach der Wende, über die Geschichte der Grenze und die Grenzöffnung. Grenzzaun (Original) von 150 Meter Länge in Richtung Katharinenberg. **Beobachtungsturm, Führungsturm**

Heldra:
Heimatmuseum mit Abteilung »Grenze«; Flußsperre

Großburschla: **Führungsturm**

Altenburschla:
Gedenkstein »Lied der Heimat«

Ifta:
Grenzzaun; Baumkreuz, eine Skulptur aus 140 Eschen und Linden

Eisenach-Hörschel:
Ehemalige Kontrollstelle im Rasthof, Modell der Kontrollstelle, Hinweisschilder »Einreise, Ausreise, Transit«; **Beobachtungsturm, Führungsturm**

Görringen:
Metallzaun mit Grenzsäule, Grenzinformation an der Werra

Untersuhl:
Metallzaun; **Beobachtungsturm**; spanische Reiter

Großen See:
Mauerstück erhalten

Kleinen See:
Mahnmal der deutschen Teilung bei der Gaststätte »Bodesruh«

Heringen:
Denkmal zur Grenzöffnung; Grenzzaun und Grenzsäule der Kalibahn

Philippsthal:
Grenzmuseum an der Zollbrücke, betrieben von der Arbeiterwohlfahrt

Vacha:
Führungsturm; Grenzmauer und Brücke der Einheit – ein alter Handelsweg zwischen Leipzig und Frankfurt

Buttlar:
Beobachtungsturm; Gedenkstein für den ermordeten Verkehrspolizisten Horst Estel. Er wurde 1956 von einem Spanier erschossen

Geisa:
Grenzmuseum im Heimatmuseum

Rasdorf:
Grenzanlage des Grenzmuseums Rhön. Point Alpha. **Beobachtungsturm**. Aussichtsturm vom US-Stützpunkt. Geplant ist, auf dem ehemaligen US-Stützpunkt eine Mahn-, Bildungs- und Gedenkstätte einzurichten (Informationen: Stadtverwaltung Geisa, Tel.: 03 69 67/2 16 oder 2 18)

Wiesenfeld: **Führungsturm**

Schleid:
Beobachtungsturm

Spahl:
Führungsturm und Mahnkreuz

Walkes:
Gedenkstein »Gottesmutter« zur Grenzöffnung

Hünfeld:
Grenzmuseum des Bundesgrenzschutzes (BGS) Mitte 4, Uniformstücke von NVA-Soldaten und vom Bundesgrenzschutz sowie Originalgrenzzaun mit der Darstellung eines Flüchtlings, der mit Steigeisen die Grenze von Ost nach West überwinden will. Propagandamaterial der DDR. Auf dem BGS-Gelände Aufbau der innerdeutschen Grenze mit Grenzzaun, Erdbunker, Kolonnenweg und Grenzsäule (Informationen unter Tel.: 0 66 52/20 36)

Andershausen:
Gedenkstein an die Grenzöffnung, **Führungsturm**

Unterwied:
Führungsturm

Tann:
Informationsstelle über die Grenze. Jeden Freitag Vorführung eines Filmes (Informationen unter Tel.: 0 66 81/84 21)

Birx:
Führungsturm

Frankenheim:
Mahnmal »Deutsche Geschichte«, **Beobachtungsturm**. Grenzzaun und Grenzsäule; Gedenkstein für den am 29. Juli 1952 erschossenen Zollgrenzassistenten Gerhard Palser; Gedenkstein für das eingeebnete Gut Schmerbach

Eußenhausen:
Gedenkstein an den 17. Juni 1953 vom 3. Oktober 1990; Kruzifix mit Inschrift 3. Oktober 1990; Freilichtmuseum mit Grenzsäule, Erdbunker, Zollschranke und Sperranlagen vom DDR-Kontrollpunkt Henneberg

Henneberg:
Führungsturm

Unterhales:
Beobachtungsturm, in Privatbesitz

Schwickershausen:
Führungspunkt

Bad Königshofen:
Grenzmuseum im Kurzentrum, Dokumentation der innerdeutschen Grenze bei Bad Königshofen in großen Schaukästen. Weitere Ausstellungsstücke: Uniformen der NVA-Soldaten, Flugblätter und das Modell der SM 70, einer Selbstschußanlage (Informationen unter Tel.: 0 97 61/91 20-0)

Berkach:
Beobachtungsturm

Rappershausen:
Grenzinformationsstelle, Aussichtsturm

Behrungen:
Führungsturm

Milz:
Zwei Beobachtungstürme

Zimmerau:
Aussichtsturm; Gedenkstein an die Grenzöffnung; Kruzifix; Grenzsäule; Gassentor

Alshausen:
Metallkreuz zur Erinnerung an die Grenzöffnung

Leitenhausen:
Gedenkstein für das ehemalige, eingeebnete Dorf

Gompertshausen:
Beobachtungsturm, Führungsturm mit Gaststätte; Dokumentation über die Grenze im Turm

Schwerkershausen:
Hinterlandzaun

Käßlitz:
Reststück des Grenzzaunes, Gedenkstein

Ummerstadt:
Reststück des Grenzzaunes, Mahnkreuz

Billmutshausen:
Gedenkstätte an das eingeebnete Dorf an der innerdeutschen Grenze; Friedhof; **Führungspunkt**

Görsdorf: Reststück der Grenzmauer

Rückerswind:
Gedenkstein für einen eingeebneten Gutshof

Coburg:
Grenzmuseum der Bundesgrenzschutzabteilung Süd. Ausstellung der Waffen von der SBZ (Sowjetische Besatzungszone) bis zum Untergang der DDR; Uniformen von DDR-Grenzsoldaten und vom Bundesgrenzschutz; Hinweisschilder zur Absicherung der Zonengrenze; Fotos, DDR-Propagandamaterial; Modell des Grenzortes Görsdorf mit Staffelung Grenzmauer, Kolonnenweg, **Beobachtungstürme** und Hinterlandszaun (Informationen unter Tel.: 0 86 70/20 36 bei Herrn Krank)

Neustadt bei Coburg
Begegnungs-, Dokumentations- und Erinnerungsstätte an die innerdeutsche Grenze. Dokumentationszentrum der Nachkriegsgeschichte und der Zonengrenze von 1945 bis 1990 mit Informationen über die Grenze allgemein, die Teilung Berlins sowie mit Uniformen der NVA-Soldaten und Schaukästen mit Darstellungen der Sperranlagen (geöffnet Mi und Sa und an Feiertagen 14–16 Uhr, So 14–17 Uhr. Informationen unter Tel.: 0 95 68/8 11 26)

Sonneberg:
Führungsturm

Weidhausen:
Grabstätte der Familie Rüger. Die Zwangsaussiedlung trieb Vater, Mutter und Sohn in den Freitod

Fürth am Berg:
Gedenkstein am Grenzgasthof zur Grenzöffnung mit Schildern – »Halt, Sperrgebiet« und »Zonengrenze« – so-

wie einer Grenzsäule. Im Gasthof befinden sich Bilder über die Grenze bis zur Grenzöffnung

Liebau:
Gedenkstein für das eingeebnete Dorf Liebau. Jährliches Treffen ehemaliger Bewohner des Dorfes am zweiten Wochenende im September

Burggrub:
Grenz- und Friedenskapelle am ehemaligen Todesstreifen. Der Turm der Kirche hat die Form eines hölzernen Wachtturmes, wie sie zu Beginn der Grenzsicherung zu finden waren. Eingeweiht am 6. September 1992 unter Teilnahme von 2000 Christen aus 26 Ländern

Heinersdorf:
Gedenkstätte mit Grenzmauer, Erdbunker und Gedenkstein sowie Dokumentationszentrum

Sattelgrund:
Mahnkreuz für die Opfer der Gewalt. Hier fanden sechs NVA-Soldaten bei der Errichtung eines neuen Grenzzaunes einen schrecklichen Tod. Sie stürzten mit ihrem Lkw einen 70 Meter tiefen Abhang hinunter, andere sind mit Verletzungen davongekommen

Probstzella:
Führungsturm mit Grenzanlage (im Ausbau), Grenzmuseum

Lauenstein:
Gedenkstein an die Grenzöffnung, Thüringer Aussichtsturm

Lehesten:
Beobachtungsturm

Blankenstein:
Zwei Informationstafeln vom Bund der Mitteldeutschen

Rosenthal:
Grenzanlage

Rudolphstein:
Informationstafel vom Bund der Mitteldeutschen

Mödlareuth:
Auch Klein- oder »Little Berlin« genannt, weil die Ortschaft genauso geteilt war wie Berlin. Deutsch-deutsches Grenzmuseum mit 70 Meter Mauer (Freigelände und Dokumentationszentrum). Hier wurde auch ein Gedenkstein für die gefallenen Söhne des Zweiten Weltkrieges mit in die Anlage einbezogen. Hinterlandzaun, Erdbunker, **Beobachtungsturm 11.** Geschichtslehrpfad von 5 Kilometer Länge; Metallzaun; Hubschrauber der NVA. Im Aufbau befindet sich eine Ausstellung von Fahrzeugen der Grenztruppen. Am 17. Juni 1990 wurde ein Teilstück der Mauer zwischen West- und Ost-Mödlareuth entfernt. Bis zu diesem Zeitpunkt wurden die Passanten genauso kontrolliert, als ob die DDR noch lange bestehen würde

Blosenberg:
Zwei Beobachtungstürme

Posseck:
Mahnkreuz, Grenzsäule, Gedenkstein

Tiefenbrunn:
Führungsturm

»Dreiländereck«:
Grabmal des unbekannten Soldaten

Erinnerung an zerstörte und eingeebnete Dörfer entlang der innerdeutschen Grenze

Bardowieck ...... Kreis Grevesmühlen
Billmutshausen ... Kreis Hildburghausen
Dornholz .... Kreis Schleiz
Erlebach .... Kreis Hildburghausen
Grabenstedt .... Kreis Salzwedel
Jahrsau .... Kreis Salzwedel
Kaulsroth .... Kreis Sonneberg
Leitenhausen ... Kreis Hildburghausen
Lenschow .... Kreis Grevesmühlen
Liebau .... Kreis Sonneberg
Korberoth .... Kreis Sonneberg
Neuhof .... Kreis Gadebusch
Stöckigt .... Kreis Plauen
Stedtlingen .... Rhön
Stresow .... Altmark
Taubental bei Falken .... Eichsfeld
Vorwerk Karneberg .... Eichsfeld
Gut Greifenstein .... Eichsfeld
Rittergut Keudelstein .... Eichsfeld

Die Mauerdörfer

Ortschaften, die mit einer Mauer umgeben, also eingemauert waren:
Dassow (um den See)
Dutzow am Schaalsee
Waddekath
Glattenstedt
Windischbrome
Böckwitz
Oebisfelde
Lockstedt
Döhren
Hötensleben (seit November 1978)
Stapelburg
Zwinge (seit 24. Februar 1966)
Brocken (2,5 km rund um den Gipfel)
Großensee
Vacha
Görsdorf
Blankenstein
Heinersdorf (seit 1982)
Rosenthal
Sparnberg (seit 1972)
Hirschberg
Mödlareuth (seit 1966)

Die Zwangsumsiedlung in Zahlen

In den fünfziger und sechziger Jahren wurden entlang der Zonengrenze und der Berliner Mauer zahlreiche Familien zwangsumgesiedelt. Über 10 000 als politisch unzuverlässig eingestufte Familien in der DDR mußten ihre Grundstücke verlassen. Die letzten Zwangsausweisungen fanden sogar noch **1987**, zwei Jahre vor der Wende in der DDR, **in Großburschla** statt.
Eine Entschädigung für ihre Grundstücke erhielten die Eigentümer von der Regierung der DDR nur willkürlich. Es wurde der Bodenwert von 1914 zugrunde gelegt, von dem sogar noch 30 Prozent abgezogen wurden.

Der an die Besitzer gezahlte Betrag floß auf ein Sperrkonto, von dem pro Jahr höchstens 3000 Mark abgehoben werden durften. Die Handhabung der Zinszahlungen auf dieses Konto erfolgte unterschiedlich, und die Zinsen wiederum unterlagen der Einkommensteuer. Außerdem wurden noch hohe Bearbeitungsgebühren abgezogen. In manchen Fällen waren die Bearbeitungsgebühren sogar höher als der Betrag auf dem Konto, so daß aus dem Guthaben in wenigen Jahren Schulden geworden waren.

Friedenskapelle am Todesstreifen

Die Friedenskapelle am ehemaligen Todesstreifen liegt zwischen den Grenzdörfern Burggrub in Oberfranken und Neuhaus-Schierschnitz in Thüringen. Ermöglicht wurde der Bau dieser Grenzkapelle nur durch Spenden. Am 6. September 1992 wurde die Kapelle unter Teilnahme von 300 Jugendlichen aus 28 Ländern eingeweiht. Sie ist ein Zeichen des Dankes für die friedliche Wiedervereinigung Deutschlands und ein Mahnmal für den Frieden in der Welt.

Protest gegen Mauerbau: Heinersdorf

1982 wurde hier eine Betonmauer als Sichtblende errichtet, weil gegenüber, auf westdeutschem Gebiet, prominente Politiker Ansprachen hielten, die später auch die Leipziger Messe besuchten. Erst aus den westlichen Medien haben die Heinersdorfer Bewohner von ihrer Mauer erfahren. Sie protestierten bei der SED-Kreisleitung, und es wurde sogar eine Funktionärskonferenz einberufen. Aber es nützte alles nichts – die Mauer blieb.

Erinnerungsstätte »Gegen das Vergessen« in Neustadt bei Coburg

Hier steht ein Stück der bemalten Mauer von Heinersdorf. Im April 1990 riefen Künstler aus Franken und Thüringen auf, diese Mauer zu bemalen. Es wurde ein zeitgeschichtliches Dokument geschaffen, von dem eine Fotomappe mit Mauerbildern herausgegeben wurde und damit einer breiten Öffentlichkeit zugänglich ist.

Geteiltes Dorf: Zicherie-Böckwitz

Dieses Dorf an der Grenze zwischen Niedersachsen und Sachsen-Anhalt steht für viele Dörfer an der ehemaligen deutsch-deutschen Grenze, die geteilt waren.

Point Alpha

Hier steht dicht an der ehemaligen Grenzlinie ein Beobachtungsturm der an dieser Stelle einst stationierten US-

Armee. Der Turm war mit Stacheldraht versehen, und die Posten hatten Schießbefehl. Ausgerüstet waren die hier stationierten Soldaten mit MI-Panzer- und 155-mm-Haubitzen, mit denen auch Neutronenbomben und Atomgranaten hätten verschossen werden können. »OP Alpha« war nach der Theorie der NATO der erste »Stolperdraht« für einen eventuellen sowjetischen Panzerangriff. Hier befand sich auch der sogenannte Thüringer Balkon, an dem die ehemalige Grenze des Warschauer Paktes am weitesten in westliches Gebiet hineinreichte.

Wo ist die frühere innerdeutsche Grenze heute noch sichtbar?

Vierzehn Grenzmuseen:

Schnackenburg
Helmstedt
Sorge (Freilichtmuseum)
Tettenborn
Duderstadt/Teistungen (Freilichtmuseum)
Philippsthal
Hünfeld, beim Bundesgrenzschutz, öffentlich
Sickenberg (hat zwei: Museum und Freilichtmuseum)
Geisa (Point Alpha)
Coburg, beim Bundesgrenzschutz, auf Anfrage
Bad Königshofen
Mödlareuth (Freilichtmuseum mit Dokumentationszentrum)
Probstzella (Freilichtmuseum im Aufbau)

Sechs Heimatmuseen:

Brome
Hohegeiß
Hornburg
Brocken
Heldra
Geisa

Drei Grenzinformationsstellen:

Wietingsbeck
Rappershausen
Tann

Zwei Dokumentationszentren:

Wanfried
Neustadt

Fünf Mauerreste:

Waddekath
Zicherie
Vacha
Görsdorf
Hirschberg

Vier Skulpturen zur deutschen Teilung:

Oebisfelde
Helmstedt an der Autobahn 2
Böseckendorf
Sorge, »Ring der Erinnerung«

Sechs Gedenkstätten und Grenzdenkmale:

Hötensleben
Marienborn
Mattierzoll
Frankenheim (Mahnmal »Deutsche Geschichte«)
Billmutshausen
Heinersdorf

Eine Dorfrepublik:
Rüterberg

Eine Grenz- und Friedenskirche:
Burggrub

Drei Geschichtslehrpfade:
Zicherie-Böckwitz
Duderstadt
Mödlareuth

Acht Grenzzäune:
Weferlingen (5-km-Hinterlandzaun)
Wiedelah
Zwinge (Hinterlandzaun)
Wendehausen
Ummerstadt
Käßlitz
Schwerkershausen
Rosenthal

Was erinnert uns in Berlin an die Teilung?

Die East-Side-Callery:
Eine Hinterlandsmauer

Bornholmer Straße:
Eine Hinterlandsmauer und ein Stück der Originalmauer von 1961 am Bornholmer Bahnhof (Stand: März 1995)

Puschkin-Allee:
Ein Stück der Hinterlandsmauer

Treptow:
Führungsturm

Liesenstraße:
Ein Stück der Originalmauer

Bernauer Straße/Ackerstraße:
Gedenkstätte Berliner Mauer. Mahnmal und Museum. Errichtet im August 1995 mit einem Stück der Originalmauer

Kieler Straße/Invalidenfriedhof:
Führungsturm in Privatbesitz und Hinterlandsmauer

Niederkirchnerstraße:
Ein Stück der Originalmauer

Am Reichstagsgebäude:
Gedenken an die Opfer, Mahnkreuze

Springer-Hochhaus:
Gedenkkreuz für Peter Fechter

Schiffbauerdamm:
Gedenkstätte für die Opfer von Krieg und Gewalt. Parlament der Bäume

»DDR«-Grenzsperranlage im Schema:

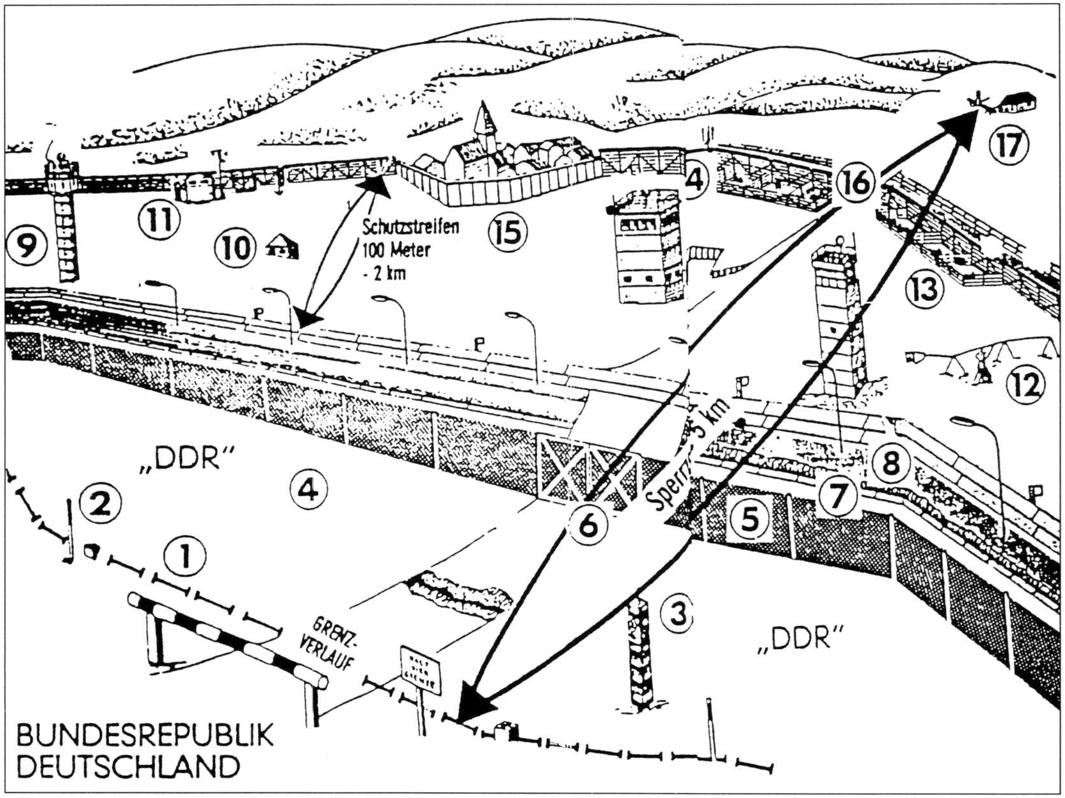

Im Vordergrund der Metallgitterzaun in der »DDR«-Grenzsperranlage, wie er heute noch entlang der 1393 Kilometer langen innerdeutschen Grenze von Lübeck bis Hof besteht. Der neue, mit Starkstrom geladene »Schutzstreifenzaun« soll 200 bis 3000 Meter weiter rückwärts verlaufen. Stand 1988

① Grenzverlauf mit Grenzstein
② Grenzhinweisschild bzw.-pfahl unmittelbar vor dem Grenzverlauf
③ »DDR«-Grenzsäule (ca. 1,8 m hoch, schwarz-rot-gold mit »DDR«-Emblem)
④ Abgeholzter und geräumter Geländestreifen
⑤ Einreihiger Metallgitterzaun (ca. 3,2 m hoch)
⑥ Durchlaß im Metallgitterzaun
⑦ Kfz.-Sperrgraben (mit Betonplatten befestigt)
⑧ ca. 6 m bzw. 2 m breiter Kontrollstreifen (Spurensicherungsstreifen)
⑨ Beton-Beobachtungsturm
⑩ Beobachtungsbunker
⑪ Beobachtungsbunker mit Sperreinrichtungen, Rundumleuchte und Anschluß Grenzmeldenetz am modifizierten Schutzstreifenzaun
⑫ Hundelaufanlage
⑬ Hundefreilaufanlage
⑭ Modifizierter Schutzstreifenzaun mit elektronischen und akustischen Signalanlagen und Schalteinrichtungen
⑮ Betonsperrmauer, Sichtblende
⑯ Durchlaßtor im Schutzstreifenzaun mit Signaldrähten
⑰ Kontrollpassierpunkt zur Sperrzone

Das hat uns die Grenze gekostet

Außer den vielen getöteten Menschen und dem unsäglichen Leid

Kosten für die Errichtung von Grenzsicherungsanlagen und Grenzbauten pro Kilometer (in DDR-Mark)

Grenzzaun, 3 m hoch	115 000
Grenzzaun, 2 m hoch	40 000
Grenzmauer	830 000
Grenzmauer, Plattenbauweise	260 000
Grenzsignal-Sperrzaun	170 000
Grenzsignalzaun	102 000
Hundelaufanlage	23 000
Kfz-Sperre	50 000
Kolonnenweg	127 000
Lichttrasse	50 000
Scheinwerferanlage	55 000
Führungsstelle	65 000
Beobachtungsturm, 11 m hoch	16 000
Grenzsicherungsanlage	40 000
DDR-Mark	1.943.000

Stintenburg
Zarrentin
Lauenburg
Bleckede
Stiepelse
Lüneburg
ELBE
Rüterberg
Dorfrepublik
Hitzacker
Dömitz
Dannenberg
BRANDENBURG
Lüchow
NIEDERSACHSEN
Zicherie
Kurt Lichtenstein
Wolfsburg
HANNOVER
SACHSEN-
ANHALT
Braunschweig
Helmstedt
Marienborn
Hötensleben
Rhoden
Goslar
Eckertalsp.
Halberstadt